19,90

AF273899

RESPONSABILIDAD PATRIMONIAL POR LA UTILIZACIÓN Y VIGILANCIA DE PRODUCTOS SANITARIOS

RESPONSABILIDAD PATRIMONIAL POR LA UTILIZACIÓN Y VIGILANCIA DE PRODUCTOS SANITARIOS

Tomás Gabriel García-Micó
Profesor lector de Derecho civil
Universitat de Barcelona

Colección: Atelier civil

Director:
Joan Egea Fernández
Catedrático de Derecho civil de la UPF

Este libro ha sido sometido a un riguroso proceso de revisión por pares.

© 2025 Tomás Gabriel García-Micó

© 2025 Atelier
      Santa Dorotea 8, 08004 Barcelona
      e-mail: editorial@atelierlibros.es
      www.atelierlibrosjuridicos.com
      Tel. 93 295 45 60

I.S.B.N.: 979-13-87543-50-1
Depósito legal: B 3444-2025

Impresión: Podiprint

SUMARIO

ABREVIATURAS

AaTS	Autos del Tribunal Supremo
AEMPS	Agencia Española de Medicamentos y Productos Sanitarios
BGB	Bürgerliches Gesetzbuch
BGH	Bundesgerichtshof
CC	Código Civil
CNCPS	Centro Nacional de Certificación de Productos Sanitarios
CNMV	Comisión Nacional del Mercado de Valores
Da Vinci	Da Vinci Surgical System
Directiva 85/374	Directiva 85/374/CEE del Consejo, de 25 de julio de 1985, relativa a la aproximación de las disposiciones legales, reglamentarias y administrativas de los Estados Miembros en materia de responsabilidad por los daños causados por productos defectuosos.

Directiva 93/42/CEE	Directiva 93/42/CEE del Consejo, de 14 de junio de 1993, relativa a los productos sanitarios
Directiva 2024/2853	Directiva (UE) del Parlamento Europeo y del Consejo, de 23 de octubre de 2024, sobre responsabilidad por los daños causados por productos defectuosos y por la que se deroga la Directiva 85/374/CEE del Consejo
Ed./Eds.	Editor/editores
ed.	Edición
e.g.	Exempli gratia, por ejemplo
et alii	Y otros
FD	Fundamento de Derecho
FDA	U.S. Food & Drug Administration
Guía Azul	Comunicación de la Comisión: Guía Azul sobre la aplicación de la normativa europea realtiva a los productos, de 2022 (2022/C 247/01)
Ibid.	En el mismo lugar
i.e.	Id est, es decir
LBRL	Ley 7/1985, de 2 de abril, Reguladora de las Bases del Régimen Local
LCS	Ley 50/1980, de 8 de octubre, de Contrato de Seguro
LEC	Ley 1/2000, de 7 de enero, de Enjuiciamiento Civil
Ley 14/2002	Ley 14/2002, de 5 de junio, por la que se establecen ayudas sociales a las personas con hemofilia u otras coagulopatías congénitas que hayan desarrollado la hepatitis C como consecuencia de haber recibido tra-

	tamiento con concentrados de factores de coagulación en el ámbito del sistema sanitario público, y otras normas tributarias
Ley de Industria	Ley 21/1992, de 16 de julio, de Industria
LGS	Ley 14/1986, de 25 de abril, General de Sanidad
LJC-A	Ley 29/1998, de 13 de julio, reguladora de la Jurisdicción Contencioso-Administrativa
LMV	Real Decreto Legislativo 4/2015, de 23 de octubre, por el que se aprueba el texto refundido de la Ley del Mercado de Valores
LOPJ	Ley Orgánica 6/1985, de 1 de julio, del Poder Judicial
LPACAP	Ley 39/2015, de 1 de octubre, del Procedimiento Administrativo Común de las Administraciones Públicas
LRJ-PAC	Ley 30/1992, de 26 de noviembre, de Régimen Jurídico de las Administraciones Públicas y del Procedimiento Administrativo Común
LRJSP	Ley 40/2015, de 1 de octubre, de Régimen Jurídico del Sector Público
MDCG	Medical Device Coordination Group
MP	Magistrado Ponente
núm.	Número
op. cit.	Obra citada
p.	Página
pp.	Páginas

PIP	Poly Implant Prothèse
RAE	Real Academia Española
RD 1591/2009	Real Decreto 1591/2009, de 16 de octubre, por el que se regulan los productos sanitarios
RDL 1/2015	Real Decreto Legislativo 1/2015, de 24 de julio, por el que se aprueba el texto refundido de la Ley de garantías y uso racional de los medicamentos y productos sanitarios
Reglamento 1025/2012	Reglamento (UE) n ° 1025/2012 del Parlamento Europeo y del Consejo, de 25 de octubre de 2012 , sobre la normalización europea, por el que se modifican las Directivas 89/686/CEE y 93/15/CEE del Consejo y las Directivas 94/9/CE, 94/25/CE, 95/16/CE, 97/23/CE, 98/34/CE, 2004/22/CE, 2007/23/CE, 2009/23/CE y 2009/105/CE del Parlamento Europeo y del Consejo y por el que se deroga la Decisión 87/95/CEE del Consejo y la Decisión n ° 1673/2006/CE del Parlamento Europeo y del Consejo
Reglamento 2017/745	Reglamento (UE) 2017/745 del Parlamento Europeo y del Consejo, de 5 de abril de 2017, sobre los productos sanitarios, por el que se modifican la Directiva 2001/83/CE, el Reglamento (CE) n.° 178/2002 y el Reglamento (CE) n.° 1223/2009 y por el que se derogan las Directivas 90/385/CEE y 93/42/CEE del Consejo

Resolución del Nuevo Enfoque	Resolución de 7 de mayo de 1985, relativa a una nueva aproximación en materia de armonización y de normalización
RIA	Reglamento (UE) 2024/1689 del Parlamento Europeo y del Consejo, de 13 de junio de 2024, por el que se establecen normas armonizadas en materia de inteligencia artificial y por el que se modifican los Reglamentos (CE) n.º 300/2008, (UE) n.º 167/2023, (UE) n.º 168/2013, (UE) n.º 2018/858, (UE) 2018/1139 y (UE) 2019/2144 y las Directivas 2014/90/UE, (UE) 2016/797 y (UE) 2020/1828
RICSI	Real Decreto 2200/1995, de 28 de diciembre, por el que se aprueba el Reglamento de la Infraestructura para la Calidad y la Seguridad Industrial
ss.	Siguientes
S(s)AN	Sentencia(s) de la Audiencia Nacional
S(s)AP	Sentencia(s) de la Audiencia Provincial
S(s)JC-A	Sentencia(s) del Juzgado Contencioso-Administrativo
STJUE	Sentencia del Tribunal de Justicia de la Unión Europea
S(s)TS	Sentencia(s) del Tribunal Supremo
S(s)TSJ	Sentencia(s) del Tribunal Superior de Justicia
TFUE	Tratado de Funcionamiento de la Unión Europea
TUE	Tratado de la Unión Europea

TJCE	Tribunal de Justicia de las Comunidades Europeas
TJUE	Tribunal de Justicia de la Unión Europea
TR-LGDCU	Real Decreto Legislativo 1/2007, de 16 de noviembre, por el que se aprueba el Texto refundido de la Ley General para la Defensa de los Consumidores y Usuarios
Vol.	Volumen

1.
INTRODUCCIÓN[1]

El trabajo de mis últimos años se ha centrado en la responsabilidad por los daños causados a pacientes en el marco de intervenciones quirúrgicas en que se ha utilizado un robot quirúrgico concreto, el da Vinci, fabricado por la empresa norteamericana *Intuitive Surgical*. Fruto de este trabajo se publicó en 2024 una primera monografía en la que se analizan con detalle las diversas normas que permitirían la imputación de responsabilidad a los operadores económicos sujetos a Derecho privado[2]: el fabricante, el médico y el hospital privado que lo contrata, la aseguradora y, como cuestión más novedosa, los organismos notificados que intervienen en la evaluación

1.   El autor es profesor lector de Derecho civil en la Universitat de Barcelona, miembro del Institut de Recerca TransJus e investigador colaborador del grupo de investigación *E-Tec - Estado, Empresa e Tecnologia* del *Centro de Investigação em Justiça e Governação* (Escola de Direito, Universidade do Minho).. Este trabajo forma parte de las actividades del *Grup de recerca consolidat en Dret civil català UB* (2021 SGR 347; IP: Esther Arroyo Amayuelas), financiado por l'*Agència de Gestió d'Ajuts Universitaris i de Recerca* (AGAUR).
2.   GARCÍA-MICÓ, Tomàs Gabriel, *Robótica quirúrgica y derecho de daños*, Marcial Pons, Madrid, 2024.

de conformidad preceptiva previa a la comercialización del robot quirúrgico en el mercado de la Unión. El alcance que merece la cuestión exigía una segunda monografía, más breve, en que se analizara la responsabilidad patrimonial de los organismos notificados sometidos a Derecho público. Según la base de datos NANDO, en que se publican los organismos de evaluación de la conformidad aprobados por las autoridades responsables, hay 50 organismos notificados para efectuar tareas de evaluación de la conformidad según el Reglamento 2017/745. De ellos, dos, son de Derecho público: el CN-CPS (España) y el *Istituto Superiore di Sanità* (Italia). Ahora bien, que solo sean dos no es causa que desmerezca su análisis, más cuando la responsabilidad de los organismos notificados ya ha sido planteada con éxito en algunos casos, como los que rodean a la implantación de las prótesis mamarias PIP. No ya por la infracción de sus funciones en una fase *ex ante,* es decir, no se cuestiona si la evaluación de conformidad fue correcta o no; sino por la inobservancia de sus deberes *ex post,* ello es, los que afectan a la vigilancia y control del mercado.

La ausencia de un tratamiento de la cuestión requiere ver cómo y de qué modo pueden los perjudicados optar por reclamar responsabilidad patrimonial a la AEMPS por las omisiones del CNCPS. No obstante, esa opción está limitada a supuestos muy tasados pues, en definitiva, sus deberes de actuación solamente serán exigibles cuando el producto puede ser calificado como defectuoso en los términos de la Directiva 85/374[3]. Cuando ello sea posible, entonces, las víctimas podrán recurrir a la teoría de

---

3. No desconozco la aprobación y publicación de la Directiva 2024/2853. No obstante, esta norma no resultará de aplicación a los productos sanitarios ya comercializados, en aplicación de lo dispuesto por el art. 21, 1.

la responsabilidad por omisión del sujeto autorizante por los actos del sujeto autorizado pues, en esencia, la evaluación de conformidad es equiparable a una aprobación oficial mediante una licencia, una autorización o una homologación.

También en relación con las autoridades administrativas regulatorias, encontraremos una posible, aunque casi imposible, vía de imputación directamente por omisiones imputables a la AEMPS por no haber ejercitado sus funciones de policía del mercado en su calidad de autoridad nacional competente. También se tratará en esta monografía esta cuestión, no sin anticipar que, en mi opinión, las probabilidades de que una acción de responsabilidad fundamentada en estos motivos no tendría posibilidades reales de justificar una condena a la AEMPS por responsabilidad patrimonial.

Una vez el robot quirúrgico ha sido evaluado de conformidad e introducido en el mercado de la Unión es cuando surge el segundo sujeto potencialmente responsable: los servicios regionales de salud en los que se utiliza el robot.

En este sentido, esta monografía expondrá las cuestiones de responsabilidad en tres bloques temáticos: el primero, en el que me centraré en la responsabilidad de los operadores de los robots quirúrgicos como el da Vinci – los sistemas regionales de salud. El segundo, en el que estudiaré la imputación de responsabilidad por omisión de la AEMPS por una doble vía: como responsable directa de las omisiones del organismo notificado español (CNCPS); y la responsabilidad por hecho propio de la AEMPS, en su calidad de autoridad nacional competente. En el tercer bloque, me centraré en cómo resolver las cuestiones de jurisdicción y atribución de cuotas de responsabilidad cuándo son varios los sujetos implicados en la causación del mismo daño al paciente. Como se podrá observar, no será objeto de tratamiento la cuestión de la responsabilidad de la AEMPS por una defectuosa evaluación de conformidad efectuada por el CNCPS, puesto que esta cuestión no plantea problemas jurídicos sustanciales.

2.

LA RESPONSABILIDAD PATRIMONIAL DE LAS ADMINISTRACIONES PÚBLICAS OPERADORAS DE ROBOTS QUIRÚRGICOS

En España, según los datos más recientes del Ministerio de Sanidad, la mayoría de consultas y cirugías ambulatorias se realizan en hospitales públicos. En particular, en atención especializada, el 77% de todas las consultas fueron en centros públicos (86,7 millones), mientras que el 23% restante lo fueron en privados (26,1 millones)[4]. Los datos en la cirugía ambulatoria muestran el predominio de la sanidad pública sobre la privada, pero no tan hegemónico[5].

---

4. MINISTERIO DE SANIDAD, *Informe Anual del Sistema Nacional de Salud 2023. Aspectos relevantes*, Centro de Publicaciones del Ministerio de Sanidad, Madrid, 2024, p. 76 (disponible en: https://www.sanidad.gob.es/estadEstudios/estadisticas/sisInfSanSNS/tablasEstadisticas/InfAnualSNS2023/INFORME_ANUAL_2023.pdf). También es cierto que la tendencia desde 2010 ha sido un mayor, aunque discreto, ascenso de la medicina privada sobre la pública. La primera, en 2010 atendía el 13,7% de las consultas; mientras que, en 2022, atendió el 23,1%.

5. MINISTERIO DE SANIDAD, *Informe Anual del Sistema Nacional de Salud 2019. Aspectos destacados*, Centro de Publicaciones del Ministerio de Sanidad, Madrid, 2021, p. 22 disponible en: https://www.sanidad.gob.es/estadEstudios/estadisticas/sisInfSanSNS/tablasEstadisticas/InfAnualSNS2019/Informe_SNS_2019.pdf). En 2010, el 39,8% de las cirugías mayores ambulatorias se practicaron en centros adscritos al Sistema Nacional de Salud, frente al 34,1% que se practicaron en centros privados. Una diferencia que se mantiene, ligeramente superior

Los hospitales públicos no son, por sí mismos, sujetos responsables, sino que lo son los servicios autonómicos de salud en los que se integran, tal y como se desprende del tenor literal del art. 50.1 de la LGS[6]. Más expresa era la disposición adicional duodécima de la LRJ-PAC, introducida tras la enmienda legislativa realizada por medio de la Ley 4/1999[7], la cual elevaba al Sistema Nacional de Salud[8] a sujeto responsable por la prestación sanitaria de "las Entidades Gestoras y Servicios Comunes de la Seguridad Social, sean estatales o autonómicos, así como de las demás entidades, servicios y organismos del Sistema Nacional de Salud y de los centros sanitarios concertados con ellas".

Actualmente, bajo el art. 36.1 de la vigente LRJSP, que deroga la LRJ-PAC, se mantiene el principio de responsabilidad directa[9], por lo que el particular afectado por un

---

para los centros públicos, en 2022, donde el 65,9% de todas las cirugías mayores ambulatorias se realizaron en centros sanitarios públicos y el 34,1% en privados. Sobre los datos actualizados, véase MINISTERIO DE SANIDAD, *op. cit.*, 2024.

6.   Dice el art. 50.1 LGS: "En cada Comunidad Autónoma se constituirá un Servicio de Salud integrado por todos los centros, servicios y establecimientos de la propia Comunidad, Diputaciones, Ayuntamientos y cualesquiera otras Administraciones territoriales intracomunitarias, que estará gestionado, como se establece en los arts. siguientes, bajo la responsabilidad de la respectiva Comunidad Autónoma". Véase, en este sentido, Javier DE AHUMADA RAMOS, Francisco, *La responsabilidad patrimonial de las Administraciones Públicas. Elementos estructurales: lesión de derechos y nexo causal entre la lesión y el funcionamiento de los servicios públicos*, 1ª ed., Aranzadi, Cizur Menor, 2009, p. 571.

7.   Ley 4/1999, de 13 de enero, de modificación de la Ley 30/1992, de 26 de noviembre, de Régimen Jurídico de las Administraciones públicas y del Procedimiento Administrativo Común.

8.   El Sistema Nacional de Salud integra, en virtud del art. 44.2 LGS, entre otros, "los Sistemas de Salud de las Comunidades Autónomas".

9.   Que ya se recogía en el art. 145.1 de la derogada LRJ-PAC.

daño causado por el personal al servicio de la Administración deberá reclamar directamente a ésta[10].

Por este motivo, los daños que se causen a los pacientes en el marco de la prestación del servicio asistencial deberán ser reclamados directamente a la Administración pública gestora de dicho hospital y, en particular, al Servicio de Salud autonómico que, a su vez, deberá repercutir la eventual indemnización que deba afrontar al empleado causante del suceso, siempre que se cumplan los requisitos para ello (art. 36.2 LRJSP).

1. EL PROCEDIMIENTO DE RECLAMACIÓN DE LA RESPONSABILIDAD PATRIMONIAL DE LA ADMINSITRACIÓN PÚBLICA

Con carácter previo a la vía jurisdiccional, toda persona que considere que ha sufrido un daño que no tenía el deber jurídico de soportar deberá instar la correspondiente reclamación administrativa, regulada en la LPA-CAP. Esta, habitualmente[11], será iniciada por el ciudada-

---

10.   Este régimen de responsabilidad se asimila al recogido en el art. 1903 CC, que impone una vía para imputar la responsabilidad al empleador por los actos del empleado efectuados en cumplimiento de sus obligaciones profesionales y dentro del ámbito de dirección del empleador. No obstante, a diferencia del art. 36.1 de la LRJSP, la vía del art. 1903 CC es potestativa, no obligatoria, no existiendo un principio de responsabilidad directa en derecho privado, como sí sucede en el ámbito de la responsabilidad patrimonial de las administraciones públicas.

11.   García-Álvarez, Gerardo, «Parte Cuarta - Capítulo III. Consecuencias de la responsabilidad patrimonial», en Bermejo Vera, José (Dir.), *Derecho Administrativo. Parte Especial*, 7ª ed., Civitas, Navarra, 2009, p. 1252 y García de Enterría Martínez-Carande, Eduardo / Fernández, Tomás-Ramón, *Curso de Derecho Administrativo*, T. II, 19ª ed., Thomson Reuters, Cizur Menor, 2020, p. 461.

no[12] al amparo del art. 67 LPACAP y, en todo caso, deberá hacerlo dentro del año siguiente del hecho o acto lesivos que, en el caso de lesiones físicas, se contará "desde la curación o la determinación del alcance de las secuelas"[13].

La reclamación deberá contener, además de los datos generales recogidos en el art. 66 LPACAP: (i) las lesiones producidas, (ii) la relación de causalidad entre las lesiones y el funcionamiento del servicio público, (iii) la evaluación económica de las lesiones y (iv) el momento en que se produjo, si es posible determinarlo. Todo ello, acompañado de la documentación y la proposición de los medios de prueba[14].

Presentada la reclamación ante la Administración competente, esta será elevada al órgano instructor que, con carácter preceptivo, requerirá un informe al servicio cuyo funcionamiento ha causado la lesión objeto de la reclamación. Asimismo, las partes serán convocadas a un trámite de audiencia, con anterioridad al cual podrán presentar cuantas alegaciones y pruebas estimen pertinentes, así como solicitar su práctica. Si la indemnización supera los 50.000 euros, es preceptiva la solicitud de informe al Consejo de Estado o, en el caso de Cataluña, a la Comisión Jurídica Asesora[15], ambos órganos consultivos tienen un plazo de dos meses para emitir un informe.

El órgano instructor remitirá una propuesta de resolución al órgano competente para la resolución del expediente que, en el caso de reclamaciones de responsabili-

---

12. Aunque también cabe su iniciación de oficio *ex* arts. 61.4 y 65 LPACAP.
13. Art. 67.1 LPACAP.
14. Art. 67.2 LPACAP.
15. Art. 81.2 LPACAP.

dad patrimonial sanitaria, será la Consejería de Sanidad de la Comunidad Autónoma[16] donde se halle el hospital. El órgano encargado de la resolución dispondrá de un plazo de seis meses para resolver, pasado el cual, si no hubiera recaído resolución, deberá entenderse desestimatoria por silencio administrativo negativo[17]. En todo caso, la resolución o el silencio ponen fin a la vía administrativa[18].

Si la resolución fuera desestimatoria o no hubiera sido dictada dentro del plazo correspondiente, el ciudadano tendrá un plazo[19] de dos meses desde la notificación de la resolución desestimatoria[20], o de seis meses desde el día siguiente en que se entendieran desplegados los efectos jurídicos del acto presunto[21], para interponer recurso contencioso-administrativo frente al Juzgado de lo Contencioso-Administrativo[22] o ante el Tribunal Superior de Justicia de la Comunidad Autónoma[23], que resolverán el recurso.

La resolución de estos tribunales podrá ser objeto de recurso de apelación ante el Tribunal Superior de Justicia[24] o de casación ante el Tribunal Supremo[25].

---

16. Art. 92.II LPACAP.
17. Art. 91.3 LPACAP.
18. Art. 114.1.e) LPACAP.
19. Art. 46.1 LJC-A.
20. En caso de acto desestimatorio expreso.
21. En caso de desestimación por silencio administrativo negativo.
22. Si la cuantía reclamada no excede de los 30.050 euros. Véase el art. 8.2.c) LJC-A.
23. Si la cuantía reclamada supera los 30.050 euros. Véase el art. 10.1.a) LJC-A.
24. Solo en el caso de procedimientos cuya cuantía supere los 30.000 euros y que hayan sido conocidos en primera instancia por el Juzgado de lo Contencioso-Administrativo. Véase el art. 81.1.a) LJC-A.
25. Art. 12.2.a) LJC-A.

2. PRESUPUESTOS GENERALES DE LA RESPONSABILIDAD PATRIMONIAL DE LAS ADMINISTRACIONES PÚBLICAS

La responsabilidad patrimonial de las administraciones públicas está regulada en los arts. 32 y siguientes de la LRJSP. En particular, el art. 32 LRJSP ha definido los requisitos para que proceda la imputación de responsabilidad patrimonial a la administración[26].

---

26. MARTÍN-CASALS, Miquel / RIBOT, Jordi, «The liability of public authorities in Spain», en OLIPHANT, Ken (Ed.), *The Liability of Public Authorities in Comparative Perspective*, Intersentia, Cambridge, 2016, p. 464; GONZÁLEZ GONZÁLEZ, Evaristo, «Administración sanitaria y responsabilidad por productos sanitarios defectuosos con marchamo CE», *Revista española de Derecho Administrativo*, núm. 200, 2019, pp. 261-262 y FUENTES I GASÓ, Josep Ramon, «El régimen jurídico de la responsabilidad patrimonial de las Administraciones Públicas tras la entrada en vigor de las Leyes 39/2015 y 40/2015, en particular por daños en la vía pública», *Anuario Aragonés del Gobierno Local*, núm. 11, 2020, p. 297. Un régimen jurídico que, además, ha sido complementado por la jurisprudencia del TS. Véanse las SsTS, Tercera, de 30 de noviembre de 1989 (RJ 1989\8114; MP: Antonio Agúndez Fernández); de 24 de marzo de 1992 (RJ 1992\3386; MP: Mariano de Oro-Pulido y López); de 5 de octubre de 1993 (RJ 1993\7192; MP: Francisco José Hernando Santiago); de 2 de marzo de 1995 (RJ 1995\1860; MP: Francisco José Hernando Santiago); de 22 de marzo de 1995 (RJ 1995\1986; MP: Francisco José Hernando Santiago); de 20 de octubre de 1997 (RJ 1997\7254; MP: Juan José González Rivas); de 5 de noviembre de 1997 (RJ 1997\8298; MP: Juan José González Rivas); de 3 de octubre de 2000 (ECLI:ES:TS:2000:7033; MP: Juan Antonio Xiol Ríos); de 12 de diciembre de 2000 (RJ 2001\592); de 9 de noviembre de 2004 (ECLI:ES:TS:2004:7199; MP: Margarita Robles Fernández); de 9 de mayo de 2005 (ECLI:ES:TS:2005:2918; MP: Margarita Robles Fernández); de 3 de octubre de 2006 (RJ 2006\6482; MP: Margarita Robles Fernández); de 24 de enero de 2007 (RJ 2007\325; MP: Margarita Robles Fernández); de 16 de octubre de 2007 (RJ 2007\8159; MP: Octavio Juan Herrero Pina); de 1 de febrero de 2008 (RJ 2008\1349; MP: Margarita Robles Fernández); de 22 de abril de 2008 (RJ 2008\2039; MP: Octavio Juan Herrero Pina); de 21 de octubre de 2008 (RJ 2008\5756; MP: Octavio Juan Herrero Pina); de 18 de julio de 2012 (JUR 2012\263424; MP: Javier Eugenio López Candela) y de 2 de febrero de 2015 (RJ 2015\406; MP: Margarita Robles Fernández).

La responsabilidad patrimonial procede cuando se causa un daño indemnizable al administrado, ya sea como consecuencia de un funcionamiento normal o anormal. La doctrina administrativista tradicional ha reseñado el carácter puramente objetivo de la responsabilidad patrimonial de la Administración[27]. No obstante, este extremo ha sido criticado, al entender que el "dogma"[28] tradi-

---

27.   LEGUINA VILLA, Jesús, «El fundamento de responsabilidad de la Administración», *Revista española de Derecho Administrativo*, núm. 23, 1979, pp. 523 y ss; DE AHUMADA RAMOS, *op. cit.*, pp. 56, 63, 65 y 225; MIR PUIGPELAT, Oriol, *La responsabilidad patrimonial de la Administración. Hacia un nuevo sistema*, 2ª ed., Edisofer, Madrid, 2012, pp. 21 y 31; ALONSO SEGOVIA, Beatriz, «Capítulo 7: La responsabilidad patrimonial de las Administraciones Públicas», en SALA SÁNCHEZ, Pascual / XIOL RÍOS, Juan Antonio / FERNÁNDEZ MONTALVO, Rafael (Dirs.), *Las instituciones del Derecho Administrativo en la jurisprudencia*, Bosch, Barcelona, 2011, pp. 1605, 1607 y 1630, donde la autora expresa que "la Sala Tercera del Tribunal Supremo ha declarado reiteradamente [...] que la responsabilidad patrimonial de la Administración se configura como una responsabilidad objetiva o por el resultado"; MORENO MOLINA, José Antonio, «Las novedades en la regulación por las Leyes 39 y 40/2015 de la responsabilidad patrimonial y la potestad sancionadora de las Administraciones Públicas», *Revista española de Derecho Administrativo*, núm. 179, 2016, pp. 99-100; GONZÁLEZ PÉREZ, Jesús, *Responsabilidad patrimonial de las Administraciones Públicas*, 8ª ed., Aranzadi, Cizur Menor, 2016, pp. 186-188 y TRAYTER JIMÉNEZ, Joan Manuel, *Derecho administrativo. Parte general*, 4ª ed., Atelier, Barcelona, 2019, p. 513;. En el mismo sentido, véanse las SsTS, Tercera, de 14 de mayo de 1994 (RJ 1994\4190; MP: Jesús Ernesto Peces Morate); de 4 de junio de 1994 (RJ 1994\4783; MP: Jesús Ernesto Peces Morate), de 2 de julio de 1994 (RJ 1994\6673; MP: Jesús Ernesto Peces Morate), de 27 de septiembre de 1994 (RJ 1994\7361; MP: Jesús Ernesto Peces Morate), de 7 de noviembre de 1994 (RJ 1994\8578; MP: Manuel Goded Miranda), de 19 de noviembre de 1994 (RJ 1994\8834; MP: Jesús Ernesto Peces Morate), de 11 de febrero de 1995 (RJ 1995\1229; MP: Jesús Ernesto Peces Morate), de 25 de febrero de 1995 (RJ 1995\2096; MP: Jesús Ernesto Peces Morate), de 28 de febrero de 1995 (RJ 1995\1489; MP: Manuel Goded Miranda) y de 1 de abril de 1995 (RJ 1995\3226; MP: Jesús Ernesto Peces Morate).

28.   MIR PUIGPELAT, Oriol, «Capítulo 1: Propuestas para una reforma legislativa del sistema español de responsabilidad patrimonial de la Administración», en ORTIZ BLASCO, Joaquín / MAHILLO GARCÍA, Petra (Coords.), *La responsabilidad patrimonial de las Administraciones Públicas. Crisis y propuestas para el siglo XXI*, Fundación Democracia y Gobierno Local, Madrid, 2009, pp. 33-60 y MIR PUI-

cional ha sido abandonado hasta por el propio Tribunal Supremo.

Esta nota objetiva de la responsabilidad patrimonial de la Administración pública la reitera la jurisprudencia más reciente, como la STS, Contencioso-Administrativa, Sec. 5ª, de 28 de enero de 2021 (ECLI:ES:TS:2021:338; MP: Rafael Fernández Valverde)[29], citando la precedente, STS, Contencioso-Administrativa, Sec. 5ª, de 21 de diciembre de 2020 (ECLI:ES:TS:2020:4495; MP: Rafael Fernández Valverde)[30], no sin dejar de lado ciertas modulaciones que el propio Tribunal Supremo ha efectuado en ciertos ámbitos, como la responsabilidad de la administración sanitaria[31].

Para que la administración pública sea responsable, el afectado debe acreditar un daño individualizado – en relación con una persona o grupo de personas – real, efectivo y económicamente evaluable[32] que, además, no tenga

---

GPELAT, Oriol, «La garantía constitucional de la responsabilidad patrimonial por el funcionamiento anormal de la Administración», *Revista de Administración Pública*, núm. 213, 2020, p. 32.

29.   En un caso de responsabilidad patrimonial por daños causados a pacientes a quienes se les administró el producto sanitario Ala Octa (gas perfluorocatano) en una operación de retina.

30.   Sobre los mismos hechos que la STS de 28 de enero de 2021.

31.   "Como, recientemente, ha señalado el Tribunal Constitucional (STC 112/2018, de 17 de octubre, FD 5), "el tenor del art. 106.2 supone la recepción constitucional del sistema de responsabilidad de la Administración previamente vigente en España, cuyo carácter objetivo venía siendo ampliamente aceptado por la doctrina y la jurisprudencia". [... L] os citados pronunciamientos constitucionales sobre la responsabilidad patrimonial, requieren y exigen, una serie de matizaciones o modulaciones, en relación con el citado carácter objetivo genérico que de la institución se proclama; sobre todo, cuando de algún tipo concreto de responsabilidad patrimonial se trata, tal y como aquí acontece con la responsabilidad sanitaria. Así lo ha venido poniendo de manifiesto el Tribunal Supremo, con reiteración" (FD Cuarto).

32.   En cuanto al desarrollo del concepto de lesión resarcible, véase, por todos, GARCÍA DE ENTERRÍA MARTÍNEZ-CARANDE y FERNÁNDEZ, *op. cit.*

el deber jurídico de soportar y que sea consecuencia[33] del funcionamiento normal o anormal del servicio público. El funcionamiento anormal se define como una actuación contraria a la ley o a los estándares técnicos[34]; el funcionamiento defectuoso, para cuya determinación tienen un papel relevante las cartas de servicios[35], entre

---

33.   Atendiendo a que el objeto de esta monografía no incluye el detalle de la explicación de las reglas de causalidad en sede de responsabilidad patrimonial administrativa, se hace remisión a los autores que la han tratado en detalle: por todos, DE AHUMADA RAMOS, *op. cit.*, p. 88; MILANS DEL BOSCH Y JORDÁN DE URIBES, Santiago, «Capítulo 4: Reflexiones en torno al nexo causal en la responsabilidad patrimonial», en ORTIZ BLASCO, Joaquín / MAHILLO GARCÍA, Petra (Coords.), *La responsabilidad patrimonial de las Administraciones Públicas. Crisis y propuestas para el siglo XXI*, Fundación Democracia y Gobierno Local, Madrid, 2009, pp. 131-152; TRAYTER JIMÉNEZ (2019), *op. cit.*, p. 525 y GARCÍA DE ENTERRÍA MARTÍNEZ-CARANDE / FERNÁNDEZ, *op. cit.*

34.   MARTÍN-CASALS / RIBOT, *op. cit.*, p. 482.

35.   Las cartas de servicios se encuentran definidas en el art. 8.1 del Real Decreto 951/2005, de 29 de julio, por el que se establece el marco general para la mejora de la calidad en la Administración General del Estado como "documentos que constituyen el instrumento a través del cual los órganos, organismos y entidades de la Administración General del Estado informan a los ciudadanos y usuarios sobre los servicios que tienen encomendados, sobre los derechos que les asisten en relación con aquellos y sobre los compromisos de calidad en su prestación"). Según TORNOS MAS, Joaquín, «Las cartas de servicios», *Cuadernos de derecho local*, núm. 10, 2006, p. 78, las cartas de servicios deben concebirse como instrumentos jurídicos plenamente vinculantes para la administración, llegando a equipararlas a "normas jurídicas" y que tienen "eficacia *ad extra*", pues "imponen obligaciones a la Administración y reconocen intereses o derechos de los ciudadanos". De hecho, su incumplimiento, según el autor, "puede afectar a la validez del acto dictado [...] y puede dar lugar al reconocimiento del derecho a ser indemnizado a favor del particular afectado por el mal funcionamiento de la Administración". Sigue argumentando TORNOS MAS, *op. cit.*, p. 80 que "[l]os compromisos de las cartas deben actuar como los estándares de calidad que ayuden a determinar si el daño sufrido por un ciudadano puede o no configurarse como un supuesto de lesión antijurídica" y que, en definitiva, atendiendo a la falta de criterios legales para la determinación de si el funcionamiento ha sido normal o anormal, los tribunales pueden apoyarse en las cartas de servicio para afrontar la mencionada laguna. Poniendo un ejemplo de responsabilidad de la administración sanitaria, afirma TORNOS MAS, *op. cit.*, p. 81 que "[s]i un pacien-

otros instrumentos[36]; y el funcionamiento tardío del servicio público[37].

La responsabilidad de la administración pública, aun en casos de funcionamiento normal, implicaba que, tradicionalmente, pivotara en torno al concepto de servicio público o de actividad administrativa, definida por la jurisprudencia como "toda actuación, gestión, actividad o tareas propias de la función administrativa que se ejerce, incluso por omisión o pasividad con resultado lesivo"[38]. Por ello, se mantenía ajena al elemento de la culpa, siendo únicamente relevante que el daño fuera consecuencia del quehacer administrativo[39].

---

te fallece por recibir una atención tardía, habrá que saber si el estándar del servicio exigía o no una atención previa, cual era en este caso la lista de espera admisible, etc.". También CARAZA CRISTÍN, María del Mar, «Análisis sobre la implantación del singular modelo de Cartas de Servicios en Cataluña», *Revista de Estudios de la Administración Local y Autonómica*, núm. 9, 2018, pp. 55 y ss.

36.   TRAYTER JIMÉNEZ (2019), *op. cit.*, pp. 524-525 y Joaquín MARTÍN-CASALS / RIBOT, *op. cit.*, p. 482 ("Therefore, the doctrine requests the attachment of the administrative activity and the judicial review of liability of public authorities to objective yardsticks based on codes of good practice, service charters, protocols or similar instruments").

37.   GONZÁLEZ PÉREZ, *op. cit.*, p. 429.

38.   SsTS, Tercera, de 16 de febrero de 2005 (RJ 2005\2346; MP: Margarita Robles Fernández); de 18 de septiembre de 2007 (RJ 2007\7062; MP: Octavio Juan Herrero Pina), de 14 de noviembre de 2007 (RJ 2007\8198; MP: Margarita Robles Fernández), de 1 de febrero de 2008 y de 10 de abril de 2008 (RJ 2008\1455; MP: Margarita Robles Fernández).

39.   TRAYTER JIMÉNEZ (2019), *op. cit.*, p. 523 y GONZÁLEZ PÉREZ, *op. cit.*, p. 357.

La responsabilidad por funcionamiento normal es aplicable, en la actualidad, a los "daños producto de accidentes"[40] y los cuasiexpropiatorios o de sacrificio[41].

Los daños cuasiexpropiatorios o de sacrificio incluyen aquellos en los que la administración, en una actuación lícita y revestida en una necesidad de satisfacer el interés general, causa un daño a un ciudadano[42]. Ejemplos de estos daños los hay de muy diversos en la doctrina: daños sufridos en edificios colindantes como consecuencia de la ejecución de obras públicas[43] o el sufrido en una vivienda por parte de los bomberos para acceder al fuego producido en otra vivienda[44].

Esta responsabilidad tampoco es absoluta, pues la administración dispone de tres defensas: la fuerza mayor[45],

---

40.   Que, según MIR PUIGPELAT (2009), *op. cit.*, p. 37 son el "resultado incidental no deseado ni deseable de la actuación administrativa" y que "constituyen el objeto natural de la institución de la responsabilidad patrimonial", sujetos a responsabilidad objetiva por la creación de una situación de "riesgo especial" o de "obtención de un beneficio económico" por parte de la Administración. Ya PANTALEÓN PRIETO, Fernando, «Los anteojos del civilista: hacia una revisión del régimen de la responsabilidad de las Administraciones Públicas», *Documentación administrativa*, núms. 237-238, 1994, pp. 248-249 identificó este tipo de daños, aunque consideró que la Administración, en estos casos, solamente debía ser responsable si el mencionado daño era consecuencia del funcionamiento anormal del servicio que se tratase.

41.   Según PANTALEÓN PRIETO, *op. cit.*, p. 250, son daños de igual naturaleza jurídica, solo que se distinguen en si afectan a bienes patrimoniales (entonces se denominan daños cuasiexpropiatorios) o de la personalidad (entonces se denominan daños de sacrificio).

42.   MIR PUIGPELAT (2009), *op. cit.*, pp. 37-38 y PANTALEÓN PRIETO, *op. cit.*, p. 247-248.

43.   PANTALEÓN PRIETO, *op. cit.*, p. 248.

44.   PATRICIO RALLO, *op. cit.*, p. 158.

45.   La excepción de fuerza mayor, ajena al objeto de esta monografía, ha venido definiéndose como "una causa extraña exterior al objeto dañoso y a sus riesgos propios, imprevisible en su producción y absolutamente irresistible o inevitable aun en el supuesto de que hubiera podido ser prevista", STS, Tercera, de 11 de julio de 1995 (RJ 1995\5632; MP: José Manuel Sieira Míguez) (FD Ter-

la excepción de riesgos imprevisibles e inevitables y la culpa exclusiva de la víctima.

3. RESPONSABILIDAD PATRIMONIAL DE LA ADMINISTRACIÓN SANITARIA: VINCULACIÓN CON LA *LEX ARTIS*

La STS, Tercera, de 14 de junio de 1991 (ECLI:ES:TS:1991:16257; MP: José María Reyes Monterreal)[46], aplicando "correctamente la responsabilidad objetiva de la Administración sanitaria"[47] condenó al INSALUD a indemnizar a una paciente que había sufrido una secuela poco común derivada de una operación de reducción de aneurismas gigantes que había sido conforme a las reglas de la *lex artis ad hoc*.

"La realidad es que en esta ocasión se tenía que combatir una Sentencia recaída en un caso de responsabilidad patrimonial de la Administración que, por su cualificado carácter obje-

---

cero). Léase también la doctrina: Fernández Montalvo, Rafael, «Anexo I: Responsabilidad de las Administraciones Públicas: criterios jurisprudenciales», en Ortiz Blasco, Joaquín / Mahillo García, Petra (Coords.), *La responsabilidad patrimonial de las Administraciones Públicas. Crisis y propuestas para el siglo XXI*, Fundación Democracia y Gobierno Local, Madrid, 2009, p. 308; Alonso Segovia, *op. cit.*, p. 1660 y Trayter Jiménez, *op. cit.*, pp. 526 y ss.

46. Esta sentencia es relevante porque constituyó un punto de inflexión en la jurisprudencia de la Sala Tercera del Tribunal Supremo en materia de responsabilidad médica. Una sentencia que fue duramente criticada y que llevó, de hecho, a que el propio Tribunal Supremo modulara su propio criterio, abandonando la imputación por funcionamiento normal. Véase de Ahumada Ramos, *op. cit.*, pp. 573-574.

47. Mir Puigpelat, Oriol, (2008), «Responsabilidad objetiva vs. funcionamiento anormal en la responsabilidad patrimonial de la Administración sanitaria (y no sanitaria)», *Revista española de Derecho Administrativo*, núm. 140, 2008, p. 638.

tivo, en general no consiente motivos enervantes de la necesidad de declararla [...], pues sólo en casos muy cualificados también, en concreto los de fuerza mayor o de una conducta eficiente del propio perjudicado, legalmente puede excluirse, ya que éste es el sentido de los arts. 106.2 de la Constitución, 121 de la Ley de Expropiación Forzosa y 40 de la del Régimen Jurídico de la Administración del Estado [...] porque "lo único relevante para la Sala ha de ser la incidencia, a efectos de causalidad, de la intervención quirúrgica [...], no siendo posible, tampoco, efectuar un juicio crítico de la lex artis del profesional, extremo que, por otra parte, ha quedado resuelto, por cierto, con toda clase de pronunciamientos favorables para el cirujano [...]" (FD Tercero).

La irrelevancia del cumplimiento de la *lex artis* en los pronunciamientos de responsabilidad patrimonial de la administración sanitaria se puede ver en el siguiente argumento:

"Es que, como en la Sentencia de esta Sala de 28 de mayo de 1991 hemos explicado – precisamente con ocasión de otro recurso de apelación, en que el propio Instituto Nacional de la Salud insistía en la correcta conducta de los facultativos [...], "alegar en estos casos ausencia de dolo o culpa, impericia o negligencia, resulta intrascendente y por ello para nada hemos de profundizar en las concretas acciones u omisiones de los intervinientes [...]" (FD Cuarto).

Esta sentencia provocó que la doctrina calificara el sistema de responsabilidad patrimonial como uno de responsabilidad objetiva global o absoluta[48], que se desvin-

---

48.   FERNÁNDEZ FARRERES, Germán, «Capítulo 3: Responsabilidad patrimonial de las Administraciones Pública y títulos de imputación del daño», en ORTIZ BLASCO, Joaquín / MAHILLO GARCÍA, Petra (Coords.), *La responsabilidad patrimo-*

culaba por completo del estudio de si el personal al
servicio de la Administración había sido diligente o no, y
que convertía la prestación de un servicio médico por
parte de una administración pública en una obligación
de resultado: se debía garantizar la cura del paciente o,
cuanto menos, la no causación de daño alguno o agrava-
ción de uno preexistente.

En conclusión, existía una clara diferencia entre la responsabilidad de la sanidad privada – en la que el estándar es la negligencia del profesional por previsión del
art. 1902 CC – y la responsabilidad patrimonial de la administración sanitaria – configurada como plenamente
objetiva[49].

Posteriormente, el Tribunal Supremo moduló su propio criterio de imputación de responsabilidad a la administración sanitaria, requiriendo a la administración pública que acreditara que la actuación de los profesionales
a su servicio fue acorde a la *lex artis ad hoc*[50], ello es, a

nial de las Administraciones Públicas. Crisis y propuestas para el siglo XXI, Fundación Democracia y Gobierno Local, Madrid, 2009, p. 99. Asimismo, para la crítica del sistema y propuestas de modificación, véase MIR PUIGPELAT (2012), *op.
cit.* y MIR PUIGPELAT (2009), *op. cit.*, pp. 33-60.

49.   Esta diferenciación es claramente expuesta por PANTALEÓN PRIETO, *op.
cit.*, p. 244 definiendo estas sentencias como el "desiderátum de los enemigos
de la medicina pública".

50.   MIR PUIGPELAT (2008), *op. cit.*, p. 634; PARICIO RALLO, Eduardo, «Capítulo 5: Responsabilidad patrimonial de la Administración. Especial referencia a
la responsabilidad de las Administraciones Locales por daños sufridos en la vía
pública», en ORTIZ BLASCO, Joaquín / MAHILLO GARCÍA, Petra (Coords.), *La responsabilidad patrimonial de las Administraciones Públicas. Crisis y propuestas
para el siglo XXI*, Fundación Democracia y Gobierno Local, Madrid, 2009, pp.
159-160; SOTO NIETO, Francisco, «Responsabilidad patrimonial de la Administración pública. Existencia de aseguradora. Jurisdicción. Competencia», *Diario La
Ley*, núm. 7490, Sección Doctrina, 18 de octubre de 2010, Año XXXI, Ref. D-314,
2010, p. 2; ALONSO SEGOVIA, *op. cit.*, p. 1781; MARTÍN-CASALS / RIBOT, *op. cit.*, p.
488 y GONZÁLEZ GONZÁLEZ, *op. cit.*, p. 264.

los "protocolos y reglamentaciones"[51], o si se hicieron "bien las cosas, actuando con la diligencia, pericia y la técnica debidas"[52]. La sala de lo Contencioso-Administrativo del Tribunal Supremo lo ha definido acordemente al diccionario panhispánico del español jurídico de la RAE: "conjunto de reglas técnicas a que ha de ajustarse la actuación de un profesional en ejercicio de su arte u oficio"[53].

Este criterio de buen hacer científico no es estático, sino que debe actualizarse y la obligación de los profesionales es seguir dichas actualizaciones[54].

En conclusión, la jurisprudencia ha configurado la responsabilidad patrimonial de la administración sanitaria como el resultado de la infracción de una obligación de medios[55], pero no de una de resultado. Ello supone, en

---

51.   DE AHUMADA RAMOS, *op. cit.*, p. 583.
52.   SARROTO MARTÍNEZ, Luís, «Delimitación jurídica y contenido de la denominada *lex artis* médica», *Actualidad Jurídica Aranzadi*, número 728, 2007, p. 1.
53.   STS, Tercera, de 30 de septiembre de 2020.
54.   STSJ de la Comunidad Valenciana, Sala de lo Contencioso-Administrativo, Sec. 2ª, de 7 de noviembre de 2012 (ECLI:ES:TSJCV:2012:6560; MP: María de los Desamparados Carles Viento).
55.   DE AHUMADA RAMOS, *op. cit.*, p. 582 la define como la "obligación de poner todos los medios a su alcance para cumplir un determinado objetivo [...], siendo inherente a este tipo de obligaciones que no es exigible a la Administración una garantía absoluta de que se alcance el resultado". En este mismo sentido, léanse las SsTS, Tercera, de 16 de febrero de 1995 (RJ 1995\844; MP: Alfonso Villagómez Rodil); de 3 de octubre de 2000, de 21 de diciembre de 2001 (RJ 2002\6283; MP: Jose María Álvarez-Cienfuegos Suárez), de 16 de marzo de 2005 (RJ 2005\5739; MP: Agustín Puente Prieto), de 10 de mayo de 2005 (RJ 2005\9332; MP: Francisco González Navarro), de 16 de mayo de 2005 (RJ 2005\5221; MP: Francisco González Navarro), de 7 de marzo de 2007 (RJ 2007\953; MP: Margarita Robles Fernández), de 20 de marzo de 2007 (RJ 2007\3283; MP: Margarita Robles Fernández) y de 13 de julio de 2007 (RJ 2007\4781; MP: Margarita Robles Fernández). En este mismo sentido, léanse los dictámenes núms. 290/2017, de 19 de octubre de 2017; 133/2018, de 5 de julio de 2018; 196/2018, de 6 de

definitiva, una transformación de la responsabilidad patrimonial de la administración pública – al menos en el ámbito sanitario – en una responsabilidad por culpa[56].

Así, para que se estime que un ciudadano tiene derecho al resarcimiento de los daños sufridos como consecuencia de la prestación del servicio público sanitario no es solamente necesario que haya sufrido una lesión, en abstracto, que se pueda vincular con el concreto acto médico: sino que dicha lesión debe ser, además, consecuencia directa del mal funcionamiento de la administración sanitaria, entendido como la falta de adopción de las medidas de cuidado que le resultan exigibles al personal médico conforme a la *lex artis*.

No se puede exigir a la administración sanitaria que logre la curación del paciente, así como tampoco es exigible que un medicamento o una vacuna no causen efectos secundarios. Lo anterior haría que la salud pública fuera presupuestariamente insostenible[57] y, sin duda, generaría una diferencia evidente e injustificable con el sec-

---

septiembre de 2018; 212/2018, de 25 de septiembre de 2018; 243/2018, de 11 de octubre de 2018; 38/2019, de 7 de febrero de 2019; 286/2019, de 19 de septiembre de 2019; 11/2020, de 9 de enero de 2020; 212/2020, de 10 de septiembre de 2020; 240/2020, de 15 de octubre de 2020; 312/2020, de 17 de diciembre de 2020 y 313/2020, de 17 de diciembre de 2020: "En aquest sentit, el caràcter antijurídic del dany patit pel pacient dependrà del fet que es pugui constatar una mala praxi professional, entesa com la comissió d'errors o la utilització de mètodes incorrectes donat l'estat de la ciència i de la tècnica mèdiques en el moment dels fets o l'omissió de tractaments o precaucions aconsellables ateses les circumstàncies de cada cas".

56. Gabriel DOMÉNECH, *La persistencia de los dogmas en el Derecho público español*, Almacén de Derecho, 2.2.2022 (disponible en: https://almacendederecho.org/la-persistencia-de-los-dogmas-en-el-derecho-publico-espanol).

57. PATRICIO RALLO, *op. cit.*, p. 173.

tor privado, donde se ha consagrado que, como regla general[58], la obligación de los profesionales sanitarios es de medios y sujeta a un estándar de responsabilidad por culpa.

4. LA UTILIZACIÓN DE PRODUCTOS SANITARIOS, COMO LOS ROBOTS QUIRÚRGICOS, EN EL MARCO DE LA PRESTACIÓN DE SERVICIOS ASISTENCIALES

En cirugía es habitual que los profesionales sanitarios empleen productos sanitarios. A estos efectos, toma especial relevancia analizar cómo afectaría, a la responsabilidad patrimonial de la administración sanitaria, la utilización de un robot quirúrgico, partiendo de tres escenarios bien diferenciados: en el primero, la utilización del Da Vinci; en el segundo, el de robots dotados de inteligencia artificial, pero supervisables por un profesional; y en el último, imposible con la entrada en vigor del RIA, el de robots con inteligencia artificial completamente autónomos y no supervisables.

---

58.   Blanco Pérez-Rubio, Lourdes, «Obligaciones de medios y obligaciones de resultado: ¿tiene relevancia jurídica su distinción?», *Cuadernos de Derecho Transnacional*, Vol. 6, núm. 2, 2014, p. 59, donde se pone de manifiesto que en los supuestos de medicina satisfactiva o medicina voluntaria (cirugía estética, odontología, vasectomías, ligaduras de trompas y tratamientos de fertilidad) la obligación asumida por el profesional es de resultado, en el marco de un contrato de arrendamiento de obra.

4.1. Responsabilidad de la administración sanitaria por el uso del Ala Octa

El 22 de junio de 2015, la empresa distribuidora W.M. Bloss, S.A. comunicó la existencia de veinte casos de pérdida de agudeza visual experimentada por pacientes que se habían sometido a cirugías de retina y a quienes se les había administrado el perfluoroctano Ala Octa, fabricado por la sociedad alemana ALAMEDICS GmbH.

El 30 de octubre, la AEMPS emitió el comunicado de seguridad PS 19/2015 en el que informaba que, cuatro días después de la comunicación de W.M. Bloss, se había distribuido a los centros sanitarios una alerta de cese de utilización, comercialización y retirada del mercado del Ala Octa. Asimismo, se manifestaba que se habían notificado 41 casos en once centros sanitarios españoles de complicaciones postquirúrgicas posiblemente relacionadas con el Ala Octa, y que incluían amaurosis, necrosis de la retina, atrofia del nervio óptico, disminución de la agudeza visual, inflamación y vasculitis[59].

El 19 de noviembre de 2015, se publicó el comunicado de seguridad PS 20/2015, en el que se anunciaba la continuación de las investigaciones de la AEMPS y un ligero de ascenso de casos posiblemente relacionados con el uso del Ala Octa, siendo detectados 47 casos en catorce centros sanitarios españoles. Debe señalarse que la AEMPS clarificaba que la notificación de dichos inciden-

---

59. AGENCIA ESPAÑOLA DE MEDICAMENTOS Y PRODUCTOS SANITARIOS, *Información sobre incidentes relacionados con el producto Ala Octa (Perfluoroctano), utilizado en cirugía de retina*, 30 de octubre de 2015 (disponible en: https://www.aemps.gob.es/informa/notasInformativas/productosSanitarios/seguridad/2015/docs/NI-PS_19-2015-ala-octa.pdf).

tes no implicaba "la confirmación de una relación causal con el producto"[60].

Menos de un mes después, el 16 de diciembre, se publicaba el comunicado PS 21/2015. En él se informaba de los resultados del análisis de los cuatro primeros lotes de Ala Octa realizado por el Instituto Universitario de Oftalmobiología Aplicada de Valladolid: dichos lotes presentaban un nivel agudo de toxicidad y podían ser citotóxicos para las células del epitelio pigmentario de la retina y la neurorretina. Asimismo, el número de incidentes notificados había ascendido a 57, en dieciocho centros hospitalarios de nueve Comunidades Autónomas distintas[61].

El 11 de marzo de 2016, la AEMPS publicaba el comunicado de seguridad PS 3/2016, actualizando los anteriores en dos extremos. Por un lado, se informaba de los resultados de los análisis de dos nuevos lotes del Ala Octa: parecidos a los de los anteriores lotes analizados. Por el otro, se informaba también del aumento de casos a 102, en 23 centros sanitarios de diez Comunidades Autónomas[62].

---

60. AGENCIA ESPAÑOLA DE MEDICAMENTOS Y PRODUCTOS SANITARIOS, Actualización de la información sobre incidentes relacionados con el producto Ala Octa (Perfluoroctano), utilizado en cirugía de retina, 19 de noviembre de 2015 (disponible en: https://www.aemps.gob.es/informa/notasInformativas/productosSanitarios/seguridad/2015/docs/NI-PS_20-2015-ala-octa.pdf).

61. AGENCIA ESPAÑOLA DE MEDICAMENTOS Y PRODUCTOS SANITARIOS, Actualización de la información sobre incidentes relacionados con el producto Ala Octa (Perfluoroctano): los ensayos realizados confirman su toxicidad, 16 de diciembre de 2015 (disponible en: https://www.aemps.gob.es/informa/notasInformativas/productosSanitarios/seguridad/2015/docs/NI-PS_21-2015-ala-octa.pdf).

62. AGENCIA ESPAÑOLA DE MEDICAMENTOS Y PRODUCTOS SANITARIOS, Actualización de la información sobre incidentes relacionados con el producto Ala Octa (Perfluoroctano): resultados de los ensayos realizados sobre nuevos lotes y número de casos notificados, 11 de marzo de 2016 (disponible en: https://www.

La última notificación respecto al Ala Octa se dio en el comunicado de seguridad PS 12/2016, de 15 de julio de 2016[63], en el que se informó del incremento de casos notificados a 116, en 28 centros sanitarios de trece Comunidades Autónomas. Asimismo, se informaron los resultados finales del análisis de citotoxicidad de diversos lotes de Ala Octa realizado por el Instituto Universitario de Oftalmobiología Aplicada de Valladolid. Respecto de los lotes de control (perfluoroctanos de otros fabricantes), que presentaban una citotoxicidad *in vitro* de entre el 2 y el 9%, los lotes analizados del Ala Octa presentaban, en el mejor de los casos, una citotoxicidad hasta cinco veces superior, con cifras que oscilaban entre el 41% (lote 180214) y el 99% (lotes 171214 y 061014).

El comunicado terminaba con los estudios realizados por el panel de expertos constituido *ad hoc* por la AEMPS, y que concluyó que, de los 107 casos evaluados, 75 presentaban una clínica asociada al uso del Ala Octa y 3 de ellos no. Los 29 casos restantes no podían ser evaluados por falta de información.

Antes de diciembre de 2020, la posición de los Tribunales Superiores de Justicia regionales había sido dispar, pues algunos de ellos condenaban a la administración sanitaria (como, por ejemplo, los de Cantabria, Castilla y

aemps.gob.es/informa/notasInformativas/productosSanitarios/seguridad/2016/docs/NI-PS 03-2016-ala-octa.pdf).

63. AGENCIA ESPAÑOLA DE MEDICAMENTOS Y PRODUCTOS SANITARIOS, Actualización de la información sobre incidentes relacionados con el producto Ala Octa (Perfluoroctano): resultados de los ensayos realizados sobre nuevos lotes y número de casos notificados, 15 de julio de 2016 (disponible en: https://www.aemps.gob.es/informa/notasInformativas/productosSanitarios/seguridad/2016/docs/NI-PS 12-2016-Ala-Octa.pdf?x60265).

León, Murcia y el País Vasco[64]), mientras otros la exoneraban (el de las Islas Canarias).

Tras la STS de 21 de diciembre de 2020, el criterio fue unificado: la utilización de un producto sanitario defectuoso no era suficiente para imputar responsabilidad a la administración sanitaria si, además, no concurrió una acción u omisión constitutiva de un funcionamiento anormal del servicio.

4.1.1. Pronunciamientos judiciales que responsabilizaban a la administración sanitaria

La STSJ de Cantabria, Sec. 1ª, de 28 de septiembre de 2018 (ECLI:ES:TSJCANT:2018:418; MP: Rafael Losada Armada)[65] conoció el caso de una demandante que reclamaba responsabilidad patrimonial al Servicio cántabro de Salud, por la utilización del gas perfluoroctano Ala Octa, en dos de las tres intervenciones por desprendimiento de retina a las que se sometió antes de que la AEMPS comunicara la alerta sanitaria en junio de 2016. La condena se basó en la teoría del riesgo[66]:

---

64. Entre todos los pronunciamientos del resto de Tribunales Superiores de Justicia regionales, que sí entran en el fondo de la cuestión, encontramos uno muy específico en el que el propio *Osakidetza* (Servicio Vasco de Salud) había reconocido en el expediente su responsabilidad patrimonial, por lo que únicamente se discutía la cuantía de la indemnización que, finalmente, fue incrementada por el Tribunal Superior de Justicia del País Vasco, en sentencia de la Sección 3ª, de 12 de noviembre de 2018 (ECLI:ES:TSJPV:2018:3894; MP: Luís Ángel Garrido Bengoechea).

65. Esta constituye la primera sentencia pública en la materia en las bases de datos.

66. Este pronunciamiento se repite, textualmente, en la posterior STSJ Cantabria, Sec. 1ª, de 29 de marzo de 2019 (ECLI:ES:TSJCANT:2019:565; MP: Rafael Losada Armada).

"Asimismo, de la propuesta de resolución del instructor del expediente […] se infiere que la AEMPS publicó el 15 de julio de 2016 una nota informativa en la que se señala que los análisis realizados han detectado un elevado nivel de citotoxicidad en el lote del producto empleado en la intervención quirúrgica de la demandante […] lo que ha de justificar la responsabilidad patrimonial objetiva del servicio sanitario demandado por el riesgo creado por la utilización del gas que ha resultado tóxico, sin perjuicio de que este servicio sanitario pueda repetir de las empresas WM BLOSS SA como comercializadora […] o de la fabricante del mismo ALAMEDICS […]" (FD Quinto).

A la anterior le sigue la STSJ Murcia, de 20 de diciembre de 2019 (ECLI:ES:TSJMU:2019:2732; MP: María Consuelo Uris Lloret) que conoció el caso de un paciente intervenido, el 23 de julio de 2014, de un desprendimiento de retina en el ojo izquierdo en el Hospital General Universitario Santa Lucía (Cartagena), mostrando una evolución postoperatoria negativa. Pocos meses después, en enero de 2015, se sometió a una nueva operación que no mejoró la visión del paciente. El 15 de diciembre de 2015, en una nueva visita a un hospital privado, se le diagnosticó atrofia óptica irreversible en el ojo izquierdo como consecuencia del uso del Ala Octa.

El Tribunal Superior de Justicia de Murcia transcribe la sentencia del Tribunal Superior de Justicia de Cantabria, concluyendo que debía considerarse a la administración sanitaria responsable en virtud del principio de responsabilidad objetiva.

La imputación de responsabilidad se fundamentó en que el hospital dependiente del Servicio Murciano de Salud "sí lo contrató ejerciendo su responsabilidad en la elección (in eligendo) del producto sanitario actuando en la lógica confianza en la certificación de la Unión Europea" (FD Quinto). En conclusión, afirmó el Tribunal Superior de Justicia de Murcia:

> "[...E]l demandante no era un usuario o consumidor de un determinado producto, sino un paciente de la sanidad pública [...]. Por tanto, no tiene el paciente que dirigirse frente a un tercero, del que no ha demandado servicio alguno, sino contra la Administración sanitaria, por el mal funcionamiento del servicio público [...]. El servicio se ha prestado por la Administración, y a ella corresponde responder frente al paciente, ya sea por aplicación de la culpa in vigilando – pues en último extremo le corresponde el control de todos los productos sanitarios que utiliza – o por el daño que a este se ha causado durante un acto médico, sin que pueda hablarse de caso fortuito ni de fuerza mayor, pues no concurren" (FD Quinto).

Asimismo, la posición del Tribunal Superior de Justicia de Castilla y León, en las sentencias de 24 de julio de 2020 (ECLI:ES:TSJCL:2020:2029 y 2030; MP: Ana María Victoria Martínez Olalla) y de 10 de noviembre de 2020 (ECLI:ES:TSJCL:2020:3865; MP: Luís Miguel Blanco Domínguez) fue idéntica a la del Tribunal Superior de Justicia murciano, limitándose a la transcripción de los argumentos contenidos en dicha sentencia.

4.1.2. Pronunciamientos judiciales que absolvían a la administración sanitaria

La sentencia del Tribunal Superior de Justicia de las Islas Canarias, en sede de Santa Cruz de Tenerife, de 20 de mayo de 2019 (ECLI:ES:TSJICAN:2019:1019; MP: Evaristo González González)[67], revocó la sentencia *a quo* por haberse considerado responsable a la administración sanitaria, no por infracción de la *lex artis*[68]:

> "En lo que fundamenta la sentencia apelada su estimación del recurso es en la culpa in eligendo: "Aunque el Servicio Público de Salud no fabricó dicho producto sanitario que produjo oculotoxicidad, sí lo contrató ejerciendo su responsabilidad en la elección (in eligendo) del producto sanitario actuando en la lógica confianza en la certificación de la Unión Europea". (FD Quinto).
>
> Ahora bien, la apreciación de la culpa in eligendo vel in vigilando en el ámbito de la responsabilidad administrativa exige un inejercicio de potestades de inspección y control a consecuencia del cual se ocasiona un daño. Potestades de inspección y control sobre la composición de los medicamentos y productos sanitarios que no tiene atribuidas el Servicio Canario de Salud.
>
> Hay que tener también en cuenta que la administración sanitaria no sólo no elabora ella misma el producto sanitario defectuoso, sino que lo adquiere de un distribuidor a través de un contrato administrativo. […]
>
> Tampoco podría hablarse de culpa in vigilando en relación con dicho contrato. Para apreciar culpa in vigilando de la administración contratante es necesario que ésta se encuentre investida de potestades de inspección y/o dirección, que no las haya ejercido y que pueda determinarse que este inejercicio ha impedido la evitación del daño (criterio de la causalidad hipotética). En el caso del contrato de suministro, lo habitual es que se adquiera un producto que ya ha sido fabricado, de manera

---

67. En idénticos términos se pronunció la STSJ Islas Canarias, en sede de Santa Cruz de Tenerife, Sec. 2ª, de 3 de diciembre de 2019 (ECLI:ES:TSJICAN:2019:4731).
68. "Y en el caso que nos ocupa, el propio juzgador a quo apreció que no se había producido una infracción de la lex artis" (FD Tercero).

que la administración contratante no verifica cómo se elabora, con la sola excepción de que nos encontremos ante el caso específico del contrato de fabricación [...]. Fuera de este supuesto de contrato de fabricación, bastará con que la administración adquirente compruebe que el producto en cuestión cuenta con las autorizaciones necesarias. Autorización que no corresponde otorgar al servicio de salud.

Por consiguiente, dado que el Servicio Canario de Salud no está investido de facultades de inspección y control sobre medicamentos y productos sanitarios, porque éstas pertenecen a la Agencia Española del Medicamento y Productos Sanitaros [...] no ha cometido ninguna omisión en el ejercicio de sus competencias una vez adquirido el producto y dado que el contrato no lo fue de fabricación, tampoco cometió ninguna omisión en el ejercicio de sus potestades con motivo de la concertación del contrato de suministro" (FD Cuarto).

Otro análisis lo encontramos en la sentencia del Tribunal Superior de Justicia de las Islas Canarias, en sede de Santa Cruz de Tenerife, Sec. 2ª, de 1 de abril de 2020 (ECLI:ES:TSJICAN:2020:1623; MP: Jaime Guilarte Martín-Calero), que acogió la jurisprudencia del Tribunal Supremo en materia de responsabilidad patrimonial de la administración sanitaria, al vincularla explícitamente con la *lex artis* y al considerar que el Servicio canario de Salud carecía de las competencias inspectoras necesarias para determinar si el producto sanitario era o no era defectuoso antes de utilizarlo en la prestación del servicio asistencial[69].

---

69. En idénticos términos se pronuncian las SsTSJ Islas Canarias, en sede de Santa Cruz de Tenerife, Sec. 2ª, también de 1 de abril de 2020 (ECLI:ES:TSJICAN:2020:1624: Jaime Guilarte Martín-Calero); de 22 de abril de 2020 (ECLI:ES:TSJICAN:2020:1634; MP: Jaime Guilarte Martín-Calero); de 11 de mayo de 2020 (ECLI:ES:TSJICAN:2020:1655; MP: Evaristo González González);

"[... E]l Servicio de Salud no es el responsable de un producto sanitario defectuoso fabricado en Alemania cuyo uso ha sido autorizado por la Agencia Española del Medicamento y Productos Sanitarios [...] La función del Servicio de Salud es prestar la asistencia sanitaria conforme a la "lex artis ad hoc" y no controlar la garantía sanitaria de los medicamentos y productos que utiliza para lo que carece de competencia.

Es inaceptable atribuir a los servicios médicos una posición de garante de cualquier daño que ocurra al paciente con ocasión de la asistencia sanitaria convirtiendo la responsabilidad patrimonial de las Administraciones públicas en un seguro de todos los riesgos sociales. No sólo no está prevista en ninguna norma sino que el Tribunal Supremo ha declarado expresamente lo contrario.

[...] La razón jurídica por la que la parte recurrente responsabiliza a la Administración sanitaria del deber de indemnizar se basa, no en el funcionamiento anormal por incumplir la "lex artis ad hoc", sino en un erróneo entendimiento de la responsabilidad patrimonial de la Administración sanitaria como "objetiva o de resultado" [...].

Dado que no hay un derecho a la curación, la prestación sanitaria no genera responsabilidad patrimonial por una conducta conforme a Derecho que causa un daño que el afectado no tiene el deber de soportar" (FD Segundo).

La última sentencia de un Tribunal Superior de Justicia, antes de las sentencias dictadas por la Sala de lo Contencioso-Administrativa del Tribunal Supremo, fue del de las Islas Canarias, en sede de Santa Cruz de Tenerife, Sec. 2ª, de 16 de noviembre de 2020 (ECLI:ES:TSJICAN:2020:3371; MP: Evaristo González Gon-

---

de 25 de mayo de 2020 (ECLI:ES:TSJICAN:2020:1671 y 1909; MP: Juan Miguel Moreno-Luque Casariego) y de 22 de julio de 2020 (ECLI:ES:TSJICAN:2020:2089 y 2090; MP: Evaristo González González).

zález) que, igual que sus antecesoras, reiteró que la responsabilidad patrimonial de la administración sanitaria requería la inobservancia de la *lex artis* médica en la ejecución de la prestación asistencial; no siendo posible hacerlo en otro caso, al carecer de las facultades inspectoras necesarias sobre el producto sanitario.

4.1.3. *La posición de la Sala de lo Contencioso-Administrativo del Tribunal Supremo y la uniformización de la posición de los Tribunales Superiores de Justicia regionales*

El primer asunto que, relacionado con el Ala Octa, llegó al Tribunal Supremo fue el recurso de casación presentado por el Gobierno de Cantabria contra la STSJ Cantabria, de 28 de septiembre de 2018, admitido por medio del ATS, Contencioso-Administrativo, Sec. 1ª, de 19 de diciembre de 2019 (ECLI:ES:TS:2019:13059ª; MP: Wenceslao Francisco Olea Godoy) y resuelto por la STS, Tercera, Sec. 5ª, de 21 de diciembre de 2020. La cuestión jurídica a resolver es planteada por el TS en el FD Cuarto:

> "si la Administración sanitaria que realiza correcta y adecuadamente un acto sanitario debe responder de las lesiones causadas a un paciente como consecuencia de la utilización de un producto sanitario defectuoso, cuya toxicidad se descubre y alerta con posterioridad a su utilización previamente autorizada por la Administración competente".

El Tribunal Supremo entendió que dicha pregunta debía ser contestada negativamente, es decir, si la administración sanitaria ejecutó la prestación asistencial conforme a la *lex artis*[70] y el paciente sufrió un daño causado por un producto sanitario defectuoso utilizado en el marco de dicho proceso asistencial, pero cuya toxicidad – que constituyó la causa del daño y convirtió al producto en defectuoso – fue descubierta con posterioridad por la AEMPS, la administración sanitaria no era responsable.

"Así las cosas, cuando, atendidas las circunstancias del caso, la asistencia sanitaria se ha prestado conforme al estado del saber y con adopción de los medios al alcance del servicio, el resultado lesivo producido no se considera antijurídico" (FD Quinto).

"Expuesta la jurisprudencia de la Sala en relación, reiteramos que nuestra respuesta ha de ser negativa, en relación con la atribución, a la Administración sanitaria, de la responsabilidad patrimonial derivada de la utilización de un producto sanitario defectuoso, cuya toxicidad es alertada con posterioridad a su aplicación en una intervención quirúrgica" (FD Sexto).

El Tribunal Supremo consideró que no se podía condenar al Servicio cántabro de Salud (léase el FD Séptimo), debido a que:

— La responsabilidad patrimonial de la administración sanitaria, pese a ser objetiva, "cuenta con un evidente componente subjetivo o culpabilístico", cuya determinación se efectúa a través de la *lex artis ad hoc*.

---

70.   A tal efecto, el Tribunal Supremo recuerda su propia jurisprudencia en materia de responsabilidad patrimonial de la administración sanitaria en que afirma que "sin abandonar el fundamento de imputación de la responsabilidad, introduce en la misma elementos subjetivos o de culpa" (FD Quinto).

— La competencia para controlar los productos sanitarios recaía, no en el hospital ni en el Servicio cántabro de Salud, sino en la AEMPS.

— El riesgo no procedía de la aplicación del producto sanitario que, posteriormente a su utilización, se alertó que era peligroso por su elevada citotoxicidad; sino en la propia fabricación del producto y en la "falta de control" por parte de la AEMPS. Por ello, entiende el Tribunal Supremo que "la Administración sanitaria […] no debe responder de las lesiones causadas a un paciente como consecuencia de la utilización de un producto sanitario defectuoso", sino que la responsabilidad debe recaer "en el productor o, en su caso, en la Administración con competencias para autorizar y vigilar los medicamentos y productos sanitarios, de concurrir las concretas circunstancias necesarias para ello" (FD Séptimo).

Por todo lo anterior, el Tribunal Supremo estimó el recurso de casación del Gobierno de Cantabria, casó la sentencia impugnada y, en consecuencia, desestimó la reclamación de responsabilidad patrimonial contra el Servicio cántabro de Salud.

Con esta sentencia coincidieron las SsTS, Tercera, Sec. 5ª, de 28 de enero de 2021, de 9 de junio de 2021 (ECLI:ES:TS:2021:2431; MP: Wenceslao Francisco Olea Godoy), de 17 de noviembre de 2021 (ECLI:ES:TS:2021:4317; MP: Octavio Juan Herrero Pina), de 1 de diciembre de 2021 (ECLI:ES:TS:2021:4521; MP: Wenceslao Francisco Olea Godoy), de 23 de febrero de 2022 (ECLI:ES:TS:2022:818; MP: Octavio Juan Herrera Pina), de 3 de marzo de 2022 (ECLI:ES:TS:2022:765; MP:

Inés María Huerta Garicano) y de 6 de octubre de 2022 (ECLI:ES:TS:2022:3581; MP: Fernando Román García).

Las primeras resoluciones posteriores a la unificación de criterios por parte del Tribunal Supremo fueron las SsTSJ Castilla y León, en sede de Valladolid, Sec. 1ª, de 18 de enero de 2021 (ECLI:ES:TSJCL:2021:193 y 194; MP: María de la Encarnación Lucas Lucas).

Este Tribunal siguió considerando que la administración sanitaria era responsable del daño sufrido por el paciente. Para llegar a dicha conclusión, analizó la relación de causalidad que, en opinión del Tribunal, habría quedado acreditada:

> "En definitiva, constatado que los lotes de ALA OCTA que tenía el hospital Río Hortega en el periodo de que se trata tenían una toxicidad del 41% al 47%; que las secuelas que sufre el recurrente son compatibles con las constatadas por los que han sufrido lesiones por utilización del mencionado producto con un 99% de toxicidad; que se ha comprobado que los resultados de las operaciones eran peores en ese periodo, presentando los operados alteraciones en la retina que no eran esperables tras una cirugía normal de desprendimiento (de hecho, hay varios procesos pendientes en la Sala por supuestos similares); y a la vista de las manifestaciones en juicio del oftalmólogo que intervino al recurrente y del Jefe de Oftalmología y del informe del perito judicial, cabe presumir razonablemente que es altamente probable que la lesión del demandante en el nervio óptico haya sido por el empleo del producto defectuoso, ALA OCTA, en la intervención quirúrgica a que fue sometido" (FD Octavo).

Nuevamente, y como habían hecho otras sentencias anteriores, y transcribiendo la STSJ Murcia, de 20 de diciembre de 2019 – ya citada – condenó a la administración sanitaria por la mera titularidad del servicio público y por el uso del Ala Octa.

No sería hasta la STSJ Castilla y León, en sede de Valladolid, Sec. 1ª, de 9 de marzo de 2021 (ECLI:ES:TSJCL:2021:1312; MP: María de la Encarnación Lucas Lucas) que – atendiendo al "nuevo modelo del recurso de casación" que "pretende la fijación de jurisprudencia que debe ser observada por los Tribunales garantizando la igualdad en la aplicación e interpretación de las normas" (FD Noveno) – concluyó que no existía responsabilidad patrimonial al no haberse infringido la *lex artis* por parte de los profesionales sanitarios.

> "La aplicación de la anterior doctrina al supuesto de autos supone la desestimación de la demanda ya que de lo actuado ha resultado acreditado que en la intervención quirúrgica a que fue sometido el actor no se vulnero la lex artis, sino que se aplicaron correctamente las técnicas sanitarias adecuadas al caso.
>
> [...] El hecho de que el comité de expertos haya considerado que el caso del recurrente puede estar relacionado con el uso de un lote de ALA ACTO (*sic.*) toxico no supone que la Administración sanitaria haya vulnerado la lex artis en la intervención quirúrgica sino la integración de este producto en el proceso asistencial desconociéndose su toxicidad." (FD Décimo).

Un pronunciamiento idéntico lo hallamos en la posterior STSJ Castilla y León, en sede de Valladolid, Sec. 1ª, de 24 de marzo de 2021 (ECLI:ES:TSJCL:2021:1084; MP: Luís Miguel Blanco Domínguez).

El Tribunal Superior de Justicia de Castilla y León dictó la sentencia de 18 de febrero de 2021 (ECLI:ES:TSJCL:2021:243; MP: María de la Encarnación

Lucas Lucas), en la que, pese a reconocer la existencia de jurisprudencia ya sentada por el Tribunal Supremo, concluyó que "queda fuera del debate la existencia o no de dicha responsabilidad al haber sido reconocida por la propia Administración" (FD Sexto).

También desestimatoria fue la única STSJ Andalucía, en sede de Sevilla, Sec. 4ª, de 11 de febrero de 2021 (ECLI:ES:TSJAND:2021:2775; MP: Javier Rodríguez Moral), en la que, tras transcribir la jurisprudencia del Tribunal Supremo, concluyó que no procedía imputar responsabilidad patrimonial a la administración sanitaria[71].

Más recientemente, los pleitos ventilan, también, la responsabilidad del fabricante y, de hecho, tras la absolución del Sistema regional de Salud, condenan al fabricante y su aseguradora, solidariamente, por comercializar un producto sanitario defectuoso. En este sentido, véanse las SsTSJ de las Islas Canarias, sede en Santa Cruz de Tenerife, Sec. 2ª, de 9 de mayo de 2022 (ECLI:ES:TSJICAN:2022:2067 y 2071; MP: Jaime Guilarte Martín-Calero).

4.2. Aplicación a las nuevas tecnologías médicas

4.2.1. Primer escenario: el Da Vinci

Tras el análisis de los precedentes jurisprudenciales en la materia, conviene verificar si las reglas que en ella se

---

71. Idéntica suerte desestimatoria resulta de la SsTSJ Aragón, Sec. 1ª, de 1 de abril de 2022 (ECLI:ES:TSJAR:2022:472; MP: María Elena Marcén Maza) y de 21 de abril de 2022 (ECLI:ES:TSJAR:2022:458; MP: Javier Albar García); Valencia, Sec. 2ª, de 14 de febrero de 2023 (ECLI:ES:TSJCV:2023:1041; MP: Maria Alicia Millán Herrandis) y Comunidad de Madrid, Sec. 10ª, de 20 (ECLI:ES:TSJM:2023:13043; MP: Benjamín Sánchez Fernández) y 23 de noviembre de 2023 (ECLI:ES:TSJM:2023:12992; MP: Benjamín Sánchez Fernández).

contienen pueden trasladarse o no al caso de que se utilice el Da Vinci en el marco de una prestación asistencial.

La existencia de un defecto en algún componente del Da Vinci – e.g., el controlador, el sistema interno que hace que el robot simule los movimientos que el cirujano realiza sobre el controlador, etc. – afectaría a la esfera interna de control del productor y la solución pasaría por la aplicación del TR-LGDCU.

Ahora bien, en lo que es objeto de estudio en este trabajo, y como sucedió con el Ala Octa, la existencia de un defecto en el Da Vinci, sobre el cual el servicio sanitario público no tiene ninguna facultad de inspección, no sería suficiente para imputar responsabilidad patrimonial a la administración sanitaria. Como ya se ha dicho, el régimen jurídico de la responsabilidad patrimonial de la administración sanitaria requiere, para que el ciudadano obtenga una indemnización por un daño, que se haya infringido la *lex artis ad hoc*.

En conclusión, la administración pública sanitaria no sería responsable por un daño sufrido por un paciente durante una operación quirúrgica realizada con el Da Vinci, cuando la causa del daño radica en un defecto del producto, siempre que el personal al servicio de la administración haya actuado conforme a las exigencias de la *lex artis* médica.

a) La excepción de riesgos imprevisibles e inevitables

Si la actuación de los profesionales sanitarios no fuera acorde a la *lex artis* y ello hubiera sido la causa del daño, la administración sí tendrá el deber de compensarlo por cumplirse todos los requisitos exigidos por la normativa vigente.

Cuestión distinta es si, en el marco de un procedimiento de responsabilidad patrimonial en que se demostrara que el daño es consecuencia de un defecto en el Da Vinci y de una conducta negligente del personal al servicio de la administración sanitaria, esta última, como demandada, podría invocar la excepción de riesgos imprevisibles e inevitables, o no.

La excepción de riesgos del desarrollo se introdujo con la reforma operada en la LRJ-PAC por la Ley 4/1999[72], y protege a la administración de hechos que "no se hubiesen podido evitar según el estado de los conocimientos de la ciencia o de la técnica existentes en el momento de producción de aquellos"[73]. Este estándar, es evolutivo

---

72. Mir Puigpelat (2009), *op. cit.*, p. 44. Antes de la inclusión de esta excepción, la jurisprudencia empleaba la fuerza mayor para exonerar a la administración por aquellos daños que no eran evitables porque científica o técnicamente no eran cognoscibles. Este fue el caso paradigmático en los casos de sangre contaminada producidos antes de finales de 1989. En este sentido, Alonso Segovia, *op. cit.*, pp. 1663-1664.

73. Art. 34.1 LRJSP. Dicho desconocimiento se refiere a la inaccesibilidad pública general de la información científica que lleva a poder evitar el evento. Véase Salvador Coderch, Pablo / Ruiz García, Juan Antonio / Seuba Torreblanca, Joan Carles / Solé i Feliu, Josep / Luna Yerga, Álvaro / Carrasco Martín, Jordi, «Los riesgos de desarrollo», *InDret*, núm. 1, 2001, p. 10. De hecho, se critica por un sector de la doctrina que se trate la "ignorancia como eximente", pues ello genera que las administraciones "[p]oco interés tendrán, en efecto, quienes desarrollan una actividad con un posible margen de riesgo en conocer los potenciales efectos dañosos si el desconocimiento de los mismos les exime de responsabilidad". Véase Esteve Pardo, José, «Capítulo XXVI. Responsabilidad de la Administración y riesgos del desarrollo», en Quintana López, Tomás (Dir.), *La responsabilidad patrimonial de la Administración Pública. Estudio general y ámbitos sectoriales*, T. II, Tirant Lo Blanch, Valencia, 2009, p. 1251. Dicha idea ya había sido defendida con anterioridad por Esteve Pardo, José, «La protección de la ignorancia. Exclusión de responsabilidad por riesgos desconocidos por la ciencia», *Revista de Administración Pública*, núm. 161, 2003, pp. 53-82.

y cambia con el tiempo[74]. Su aplicación supone que el daño no sea indemnizable[75].

Nada tiene que ver, pues, con la fuerza mayor[76], pues ahí la imprevisibilidad y la inevitabilidad están relacionadas con un factor externo o ajeno a la voluntad o acción humanas; mientras que en los riesgos del desarrollo, el riesgo es creado por el ser humano por la utilización de nuevas y modernas tecnologías. Dichos riesgos son evitables – pues basta con no emplear la tecnología – pero en algunos sectores los costes – no solamente económicos, sino también sociales – de no implementarla son muy superiores a los beneficios y, por lo tanto, conviene asumir el riesgo[77].

Ha habido un sector doctrinal que ha considerado que la excepción estudiada cubre los denominados riesgos del progreso o del desarrollo previstos en la legislación civil[78]. No obstante, tal afirmación no es correcta, pues

---

74. SALVADOR CODERCH, Pablo / SOLÉ FELIU, Josep, *Brujos y aprendices. Los riesgos de desarrollo en la responsabilidad por producto*, Marcial Pons, Barcelona, p. 29 y RAMOS GONZÁLEZ, Sonia, *Responsabilidad civil por medicamento. Defectos de fabricación, de diseño y en las advertencias o instrucciones*, Thomson Civitas, Madrid, 2004, p. 99.

75. LÓPEZ MENUDO, Francisco, «Responsabilidad administrativa y exclusión de los riesgos del progreso. Un paso adelante en la definición del sistema», *Derecho y Salud*, vol. 8, núm. 2, 2000, p. 83; ESTEVE PARDO (2009), *op. cit.*, p. 1265 y FERNÁNDEZ MONTALVO, *op. cit.*, p. 322.

76. Así lo argumenta ESTEVE PARDO (2009), *op. cit.*, p. 1263.

77. ESTEVE PARDO (2009), *op. cit.*, p. 1264, destacando que "[l]os riesgos tecnológicos están bajo el dominio humano y, como tales, son evitables. Los daños derivados de un tratamiento médico o de una vacunación [...] podrían obviamente evitarse si estos tratamientos no se hubieran aplicado, si la decisión que precedió a su aplicación hubiera sido negativa. Lo que ocurre es que, muy posiblemente, los daños habrían sido muy superiores de no aplicarse la vacuna. Se aceptó así el riesgo que ésta comportaba".

78. SALVADOR CODERCH y SOLÉ FELIU, *op. cit.* y ESTEVE PARDO (2009), *op. cit.*, p. 1262. Coincide también la jurisprudencia consolidada del Tribunal Supremo, en la STS, Tercera, de 14 de octubre de 2002 (ECLI:ES:TS:2002:6703; MP: Je-

hay tres diferencias fundamentales entre la regulada en la LRJSP y el TR-LGDCU.

— Primera, la excepción de responsabilidad por riesgos imprevisibles e inevitables que favorece a la administración pública es mucho más amplia en su ámbito objetivo que la regulada en el TR-LGDCU[79] excluida, únicamente, para los productores de medicamentos, alimentos o productos alimentarios destinados al consumo humano[80].

— Segunda, la regulación contenida en el TR-LGDCU afecta, única y exclusivamente, a los daños causados por riesgos desconocidos en el proceso de diseño y fabricación de un producto. La excepción regulada en la LRJSP es más amplia en su ámbito material, pues se aplica en todos los sectores de la actividad administrativa[81].

---

sús Ernesto Peces Morate): "La cláusula de los riesgos del progreso fue incorporada a la Directiva 85/374/CEE, de 25 de julio de 1985, y transpuesta a nuestro ordenamiento interno por los arts. 6.1 de la Ley 22/1994, de 6 de julio, 141.1 de la Ley 30/1992, de 26 de noviembre en la modificación introducida por Ley 4/1999, de 13 de enero, pero anteriormente venía siendo utilizada por la jurisprudencia para definir el daño como no antijurídico cuando se había hecho un correcto empleo de la «lex artis», entendiendo por tal el estado de los conocimientos científicos o técnicos en el nivel más avanzado de las investigaciones, que comprende todos los datos presentes en el circuito informativo de la comunidad científica o técnica en su conjunto, teniendo en cuenta las posibilidades concretas de circulación de la información" (FD Séptimo). También la SAN, Sec. 4ª, de 12 de diciembre de 2007 (ECLI:ES:AN:2007:5625; MP: Ernesto Mangas González).

79. ESTEVE PARDO (2009), *op. cit.*, p. 1258 y ESTEVE PARDO, José, *Lecciones de Derecho administrativo*, 10ª ed., Marcial Pons, Madrid, 2021, p. 305.

80. Una exclusión que, a los efectos de la presente monografía, carece de relevancia pues los robots quirúrgicos son productos sanitarios.

81. ESTVE PARDO, *op. cit.*, p. 1265.

— Tercera, una diferencia relativa al momento temporal en el que se valora el estado de los conocimientos científicos o técnicos de referencia: en el caso del TR-LGDCU, el de la puesta en circulación del producto; y, en el caso de la LRJSP, el de la producción del daño[82].

Dicha excepción se aplicó en los casos de transfusiones de sangre contaminada con el virus de la hepatitis C en hospitales públicos[83]. Como reacción, el legislador adoptó la Ley 14/2002[84], que estableció el cobro de una ayuda social de 18.030,36 euros, compatible con otras pensiones públicas que el beneficiario tuviera derecho a percibir (art. 2 de la Ley 14/2002). El cobro de estas ayudas requería la renuncia del afectado a cualquier acción frente a la administración pública por el contagio padecido (art. 3.5 de la Ley 14/2002).

En el caso del Da Vinci, entendemos que la aplicación de la excepción de riesgos imprevisibles e inevitables no procedería en ningún caso y, mucho menos, en los de

---

82.   García Rubio, María Paz, «Los riesgos de desarrollo en la responsabilidad por daños causados por productos defectuosos», *Actualidad Civil*, núm. 35, 1998, p. 867 y López Menudo, *op. cit.*, pp. 83-84.

83.   Por todas, las SsTS, Tercera, Sec. 6ª, de 6 de octubre de 2001 (ECLI:ES:TS:2001:7615; MP: Jesús Ernesto Peces Morate); de 26 de febrero de 2002 (ECLI:ES:TS:2002:1336; MP: Pedro Antonio Mateos García), de 14 de octubre de 2002, de 11 de mayo de 2004 (ECLI:ES:TS:2004:3175; MP: Francisco González Navarro), de 4 de octubre de 2004 (ECLI:ES:TS:2004:6179; MP: Francisco González Navarro) y de 17 de mayo de 2006 (ECLI:ES:TS:2006:3005; MP: Agustín Puente Prieto). Para un estudio detallado de esta cuestión, léase a Seuba Torreblanca, Joan Carles, *Sangre contaminada, responsabilidad civil y ayudas públicas: respuestas jurídicas al contagio transfusional del SIDA y de la hepatitis*, Civitas, Madrid, 2002a.

84.   Seuba Torreblanca, Joan Carles, «La Llei 14/2002, de 5 de juny, d'ajudes socials a hemofílics contagiats amb el VHC», *InDret*, núm. 3, 2002b y Alonso Segovia, *op. cit.*, p. 1788.

software con fallas de ciberseguridad. En el caso de la inteligencia artificial, además del anterior riesgo, añadimos el del sesgo de automatización del médico que, bajo ningún concepto, exoneraría de responsabilidad al servicio sanitario.

b) Los problemas de ciberseguridad del software

En sí, no se trata de uno de los riesgos excluidos de responsabilidad pues es conocida la vulnerabilidad de los sistemas informáticos y la posibilidad de que un tercero pueda tomar el control del sistema y utilizarlo o, simplemente, secuestrarlo e impedir su uso[85].

Así, la cuestión se remontará a la invocación por parte de la administración, no ya de la excepción de riesgos imprevisibles e inevitables, sino para sostener la falta de responsabilidad de la administración en estos casos en sede de imputación objetiva.

Si bien es cierto que el daño habría sido causado durante la operación del robot quirúrgico por parte del personal al servicio de la administración, la causa del daño se sitúa en otra esfera, ya sea el acto ilícito por parte del tercero desconocido, ya sea el defecto de diseño presente en el *software* del producto sanitario.

Así, nos planteamos un curso causal múltiple en el que partimos de una causa originaria – defecto del diseño del *software* que lo hace vulnerable a los ciberataques –, una primera causa subsiguiente – la actuación delictiva por parte del tercero – y una segunda causa subsiguiente – la utilización del robot por parte del personal al servicio de la administración.

---

85. Independent High-Level Expert Group on Artificial Intelligence, *Ethical Guidelines for Trustworthy AI*, 2019, pp. 16-17.

En el plano causal, el paciente deberá acreditar la mala utilización del robot por parte del personal sanitario que, en este esquema, no será la causa más adecuada que justifique el daño sufrido, máxime cuando la intromisión ilegítima haya afectado al modo en que el *software* transmite los movimientos efectuados por el cirujano en la consola a los movimientos de los brazos robóticos. Si esa alteración causa que el movimiento, por ejemplo, se invierta, la causa del daño no será una negligencia de la administración sanitaria; sino una cuestión a plantearse en la esfera de la responsabilidad del fabricante.

4.2.2. Segundo escenario: los robots quirúrgicos dotados de inteligencia artificial pero supervisables por un profesional

La inteligencia artificial, en su estado actual, se emplea como herramienta de apoyo a los profesionales sanitarios para efectuar diagnósticos y para la determinación de los cursos de tratamiento.

La cuestión surge con sistemas que, como sucedió con el *IBM Watson for Oncology*[86], recetan a un paciente un medicamento que está contraindicado para la dolencia que sufre y el médico, víctima del sesgo de automatización, aplica el tratamiento sin poner en duda el potencial curso de actuación recomendado.

---

86. Casey Ross e Ike Swetlitz, "IBM's Watson supercomputer recommended 'unsafe and incorrect' cancer treatments, internal documents show", *STAT*, 25.7.2018 (disponible en: https://www.statnews.com/2018/07/25/ibm-watson-recommended-unsafe-incorrect-treatments/) y Lin, Anthony L. / Chen, William C. / Hong, Julian C., «Chapter 8. Electronic health record data mining for artificial intelligence healthcare», en Xing, Lei / Ginger, Maryellen L. / Min, James K. (Eds.), *Artificial Intelligence in Medicine. Technical Basis and Clinical Applications*, Elsevir, 2020, p. 134.

La determinación de la responsabilidad patrimonial de la administración, pues, requerirá valorar si el sesgo de automatización es causa de exoneración de responsabilidad. El sesgo de automatización, es decir, el riesgo de la inteligencia artificial que afecta a la conducta humana y que supone no poner en duda los resultados (*outputs*) ofrecidos por el sistema porque, precisamente, han surgido del proceso de obtención de resultados por parte de la máquina, es uno de los temas más tratados en la doctrina, sobre todo, de la ética de la inteligencia artificial, pero también permite cuestionarse, en el ámbito jurídico, si supone un riesgo imprevisible e inevitable, suficiente como para que la administración sanitaria se pueda exonerar de responsabilidad.

Bajo el régimen vigente en materia de responsabilidad patrimonial, la respuesta debe ser igualmente negativa. No entraremos en la valoración de si el riesgo era previsible o no, pues la discusión sería ajena al objeto de la monogorafía, máxime teniendo en cuenta que, salvo en los casos imposibles de robots no supervisables, siempre habrá la necesidad de control humano, es decir, de supervisión por parte del médico de las decisiones adoptadas por el robot con carácter previo a su ejecución (art. 14.1 RIA).

En caso de que el médico afectado por el sesgo de automatización no valore la corrección del diagnóstico y del curso de tratamiento ofrecidos por el sistema, los ejecute automáticamente y de ahí resulte un daño para el paciente, la exoneración no será posible, en tanto que el riesgo era, cuanto menos, evitable en ejercicio de la mínima diligencia exigible al facultativo.

4.2.3. *Tercer escenario: los robots quirúrgicos dotados de inteligencia artificial y no supervisables*

En este escenario tenemos un robot quirúrgico que toma una decisión sobre qué dolencia sufre el paciente y ejecuta el curso de tratamiento que, según los datos que ha ido recopilando, es el óptimo para la obtención del mejor tratamiento. A diferencia del escenario anterior, aquí el robot carece de un mecanismo de supervisión por parte del profesional sanitario y, por lo tanto, es completamente autónomo[87].

Si un servicio hospitalario se automatiza completamente, de modo que no existe posibilidad de supervisión de las decisiones y actuaciones ejecutadas por parte de los robots dotados de inteligencia artificial, las reglas tradicionales son difíciles de aplicar.

De hecho, para hacer frente a los retos jurídicos de la automatización, si esta va aparejada con la imposibilidad de supervisión del robot quirúrgico, una primera aproximación a un sistema de responsabilidad objetiva por tenencia del robot constituiría un sistema que permitiría la correcta distribución de los riesgos de las nuevas tecnologías. Al fin y al cabo, el paciente no tiene por qué soportar las consecuencias dañosas de una elección comercial del hospital o administración sanitaria consistente en la adquisición de este sistema, máxime cuando existen alternativas quirúrgicas viables para la práctica de procedimientos quirúrgicos.

A pesar de lo apuntado anteriormente, este escenario es inviable atendiendo al posicionamiento claro de la

---

87.   Este escenario, según la doctrina, es lejano e improbable. Véase AB-BOTT, Ryan, *The Reasonable Robot: Artificial Intelligence and the Law*, Cambridge University Press, Cambridge, 2020, p. 2.

Unión Europea en relación con los sistemas de inteligencia artificial de alto riesgo – entre los que se incluyen los productos sanitarios – y respecto de los cuales será imperativa la supervisión humana (art. 14.1 RIA), por lo que siempre existirá una vía de imputación con el funcionamiento administrativo, por infracción de la obligación de supervisión.

3.

RESPONSABILIDAD PATRIMONIAL POR OMISIÓN DE LA AEMPS COMO AUTORIDAD NACIONAL COMPETENTE

1. APLICACIÓN DE LAS REGLAS DE RESPONSABILIDAD POR OMISIÓN

Como veremos, la AEMPS puede ser responsable por dos motivos distintos pero, en ambos casos, el fundamento es el mismo: la responsabilidad por omisión.

La doctrina coincide en que la responsabilidad por omisión lo es, siempre, subjetiva[88], que exige un deber de acción que haya sido infringido por la administración y, en consecuencia, solo encuentra amparo bajo el término de la responsabilidad por funcionamiento anormal de los servicios públicos[89].

88.　Cuestión afirmada con meridiana contundencia, en el ámbito de la responsabilidad civil extracontractual, por SALVADOR CODERCH, Pablo / RAMOS GONZÁLEZ, Sonia, «Capítulo 2. Las cuatro reglas básicas de responsabilidad», en SALVADOR CODERCH, Pablo / RAMOS GONZÁLEZ, Sonia / GÓMEZ LIGÜERRE, Carlos / RUBÍ PUIG, Antoni / LUNA YERGA, Álvaro / MILÀ RAFEL, Rosa, *Derecho de Daños*, 13ª ed., 2024, p. 62: "la responsabilidad por omisión, que siempre lo es por infracción de deberes de actuar".

89.　BLASCO ESTEVE, Avelino, «La responsabilidad patrimonial de la Administración por los daños causados por actos administrativos: Doctrina jurisprudencial», *Revista de administración pública*, núm. 91, 1980, pp. 222-224; GÓMEZ PUENTE, Marcos, «Responsabilidad por inactividad de la Administración», *Docu-*

Un caso conocido de responsabilidad por omisión, por las repercusiones económicas que generó, fue el caso Gescartera, en la que se reclamaba al Ministerio de Economía una indemnización de daños y perjuicios a varios inversores por el incumplimiento de las funciones de vigilancia e intervención atribuidas a la CNMV en relación con Gescartera Dinero S.G.C., S.A. La resolución que puso fin al proceso, la STS, Tercera, Sec. 6ª, de 27 de enero de 2009 (ECLI:ES:TS:2009:121; MP: Octavio Juan Herrero Pina), fue desfavorable a los intereses de los recurrentes y reclamantes de la indemnización.

Empieza el Tribunal Supremo citando el marco jurídico que fundamentó la creación de la CNMV[90], bajo el cual no puede pretenderse que estas funciones de policía de los mercados financieros se conviertan en una asunción de responsabilidad por parte de la administración de los resultados de las inversiones encomendadas a los sujetos autorizados.

Las funciones de la CNMV, según el Tribunal Supremo, consisten en velar por el cumplimiento de la normativa sobre el mercado de valores o corregir situaciones de incumplimiento de la misma que puedan afectar a los derechos de los inversores.

---

mentación Administrativa, núms. 237-238, 1994, pp. 150-151; DE AHUMADA RAMOS, *op. cit.*, pp. 298-299 y 341 y PATRICIO RALLO, *op. cit.*, p. 172.

90.   La CNMV es un órgano de control de que las transacciones y relaciones que se generan en los mercados financieros se ajustan a los dictados de la LMV y otras normas sectoriales. A tal efecto, la normativa dota a este órgano de funciones sancionadoras e inspectoras (arts. 17.1 y 234 LMV) que le permiten la adopción de ciertas medidas preventivas, como lo serían el embargo o congelación de activos (art. 234.2.e) LMV), la prohibición temporal para ejercer la actividad (art. 234.2.f) LMV), suspender o excluir la negociación de un determinado instrumento financiero (art. 234.2.l) LMV), publicar avisos (art. 234.2.o) LMV), etc.

El Tribunal Supremo entiende que la responsabilidad patrimonial de la administración requiere una ponderación entre varios elementos: la imputabilidad del daño, la relación causal, la omisión de las actuaciones razonablemente[91] exigibles o su ejercicio inadecuado atendiendo a las circunstancias del caso y a la finalidad perseguida por el ordenamiento jurídico.

Según los recurrentes, la intervención de Gescartera – acordada en junio de 2001 – fue tardía y debería haberse adoptado en diciembre de 1998. El Tribunal Supremo, recurriendo al art. 31 de la Ley sobre Disciplina e Intervención de las Entidades de Crédito, recuerda el carácter excepcional de la intervención y entiende que la actuación de la CNMV fue proporcionada y tempestiva atendiendo a la imposibilidad por parte de la agencia de conocer la verdadera situación económica de la agencia de valores por la falsedad documental cometida por Gescartera y que, tan pronto fue conocida, resultó en la adopción de la medida de intervención.

El razonamiento de la sentencia, pese a la falta de identidad de hecho, es útil para la reflexión acerca de varias premisas que son también de aplicabilidad al papel que tiene la AEMPS cuando actúa, en el ámbito de los productos sanitarios, como autoridad nacional competente – y no como organismo notificado:

— En primer lugar, la AEMPS tiene funciones de control y vigilancia de mercado. Ahora bien, hay una

---

91.   El concepto de "razonabilidad" de la exigencia es fundamental a efectos de, como dice el propio Tribunal Supremo, garantizar una "prestación razonable y adecuada a las circunstancias como el tiempo, lugar, desarrollo de la actividad, estado de la técnica, capacidad de acceso, distribución de recursos, en definitiva lo que se viene considerando un funcionamiento estándar del servicio". (FD Tercero).

diferencia fundamental entre las de la AEMPS y la CNMV. La CNMV actúa en un plano económico voluntario, es decir, en el de las inversiones económicas libremente adoptadas por los inversores.

Por su lado, la AEMPS tiene una función de protección de los pacientes de productos sanitarios empleados en situaciones de necesidad para la protección de la salud, la integridad física y la vida. Los bienes jurídicos en liza son también distintos y merecedores de una mayor protección.

Es por ello que, a diferencia de lo que afirma el Tribunal Supremo en el caso Gescartera, se puede afirmar que la AEMPS sí asume responsabilidad por el ejercicio de sus facultades de vigilancia y de control de mercado.

— La intervención de la AEMPS como autoridad nacional competente es, siempre, excepcional y subsidiaria. Hay un sujeto con un papel preferente: el organismo notificado.

La AEMPS, como autoridad nacional competente, solamente podrá intervenir cuando, habiendo indicios de uno de los supuestos de hecho previstos para su intervención se den los siguientes requisitos: que el organismo notificado haya fallado en el ejercicio de sus funciones legales y, además, que los fabricantes no hayan adoptado las medidas requeridas por la AEMPS en un plazo prudencial de tiempo.

— Finalmente, el estándar de valoración de la conducta de la AEMPS y de la CNMV se basa en los mismos criterios: tempestividad y proporcionalidad. Es decir, la diligencia de la AEMPS en el campo de la vigilancia de productos sanitarios se valorará si, cuando existía el deber jurídico de actuar[92], adoptó medidas adecuadas y rápidas de corrección. Si la AEMPS adoptara tardíamente sus decisiones o, de otro modo, las medidas adoptadas no fueran proporcionales al riesgo que entraña el producto sanitario incumplidor, de modo que ello fuera la consecuencia de un daño sufrido por un paciente por ese concreto producto sanitario, sí que podría plantearse, en su caso, la responsabilidad patrimonial de la AEMPS.

2. LA RESPONSABILIDAD DE LA AEMPS EN LA JURISPRUDENCIA

La responsabilidad patrimonial de la AEMPS por los daños sufridos por los pacientes por un defecto presente en un producto sanitario comercializado en España, y cuya evaluación de conformidad ha sido efectuada por un organismo notificado distinto de la AEMPS, ya se ha planteado y ha sido resuelta por nuestros Tribunales con resultados que no han sido favorables para los afectados.

En particular, los casos discutidos son: un caso de bioprótesis cardíacas y las prótesis mamarias fabricadas por la empresa francesa PIP.

2.1. Las bioprótesis cardíacas

La Audiencia Nacional, en SAN, de 18 de abril de 2007 (ECLI:ES:AN:2007:1807; MP: Tomás García Gonzalo) co-

---

92. Por la concurrencia de los supuestos de hechos tasados en los que puede intervenir la AEMPS como autoridad nacional competente y la falla en la actuación del organismo notificado.

noció de un recurso contra la desestimación de la reclamación de responsabilidad patrimonial contra el Ministerio de Sanidad y Consumo por la inobservancia de las obligaciones de vigilancia atribuidas a la AEMPS en relación con el producto sanitario litigioso.

Los hechos se remontan al 24 de febrero de 1988, cuando la parte reclamante y recurrente fue intervenida en el Servicio de Cirugía Cardiovascular de la Clínica La Luz de Madrid para la sustitución de una válvula aórtica por una prótesis biológica fabricada por Carpentier Edwards. Dicha prótesis se había sometido a la evaluación de conformidad por parte de TÜV Product Service GmbH (Alemania).

Hasta el mes de junio del año 2000, la evolución clínica del paciente había sido favorable, hasta que sufrió, repentinamente, un cuadro de insuficiencia cardíaca condicionada a una fibrilación auricular rápida.

El 10 de enero de 2002 se procedió a la sustitución de la prótesis biológica por una prótesis mecánica con injerto aorto-coronario de la rama coronaria estenosada.

La Audiencia Nacional concluyó que, al momento de implantar la prótesis, esta no presentaba ningún defecto estructural ni funcional. No obstante, al momento de su explantación se observó un deterioro estructural precoz por calcificación y fibrosis que, aunque estadísticamente poco común, podía suceder.

Por ello, entiende la Audiencia Nacional que no existían motivos para imputar la responsabilidad a la administración pues no pudo impedir su comercialización, ni tampoco tuvo nada que ver con su deterioro.

El caso llegó al Tribunal Supremo que, en STS, Tercera, Sec. 6ª, de 11 de septiembre de 2008 (ECLI:ES:TS:2008:4883; MP: Agustín Puente Prieto), desestimó el recurso de casación para la unificación de doctrina. Los motivos que llevaron a esta resolución no son relevantes pues son solo formales.

2.2. Las prótesis mamarias PIP

El caso de las prótesis mamarias PIP ha sido, tal vez, el que más importancia ha tenido en nuestro país en los últimos años.

2.2.1. La actuación de la AEMPS

Un día después de que se publicara la decisión de la agencia francesa de suspender la comercialización de las prótesis, la AEMPS publicaba la nota de seguridad con referencia 005/Marzo 2010, en la que requería a los "centros y profesionales sanitarios que puedan disponer de estas prótesis" que cesaran "de forma inmediata su implantación"[93]. Asimismo, se recomendaba a las personas usuarias que consultaran con sus cirujanos para planificar el seguimiento de las prótesis implantadas.

El 28 de septiembre de 2010, la AEMPS publicó una actualización de su nota de seguridad, con referencia 014/Septiembre 2010, en la que se informaba de los resultados de los análisis efectuados entre junio y septiembre de 2010 que las autoridades francesas habían remitido a todas las autoridades nacionales competentes[94]:

---

93. AGENCIA ESPAÑOLA DE MEDICAMENTOS Y PRODUCTOS SANITARIOS, *Nota de seguridad sobre prótesis mamarias Poly Implant (PIP)*, 31 de marzo de 2010 (disponible en: https://www.aemps.gob.es/informa/notasInformativas/productosSanitarios/seguridad/2010/docs/005-2010_protesis-Mamarias.pdf).

94. AGENCIA ESPAÑOLA DE MEDICAMENTOS Y PRODUCTOS SANITARIOS, *Información complementara a la nota de seguridad sobre prótesis mamarias Poly Implant (PIP)*, 28 de septiembre de 2010 (disponible en: https://www.aemps.gob.es/informa/notasInformativas/productosSanitarios/seguridad/2010/docs/014-2010_protesis-Mamarias.pdf).

— En primer lugar, el gel que se utilizó para rellenar la prótesis no se correspondía con el que se había descrito en el expediente de diseño presentado para la evaluación de conformidad. Se señaló que el gel "no alcanza el nivel de calidad requerido para un gel de silicona destinado a utilizarse en implantes mamarios".

— En segundo lugar, la prótesis era frágil.

— En tercer lugar, el gel no presentaba niveles de citotoxicidad, aunque sí un "comportamiento irritante cuando se pone en contacto con los tejidos debido a la rotura de la carcasa o a la fuga del gel a través de la carcasa".

Como resultado de lo anterior, la AEMPS recomendaba a las personas usuarias de estos implantes que contactaran, si no lo habían hecho ya, con su cirujano para hacer seguimiento de las prótesis implantadas y, que si se sospechaba o se detectaba su rotura, se explantara inmediatamente.

2.2.2. La posición de los Tribunales españoles

Las sentencias más recientes dictadas en la materia hasta el momento y que versan sobre las prótesis PIP son las SsAN, Sec. 4ª, de 23 de noviembre de 2016 (ECLI:ES:AN:2016:4567; MP: Ana Isabel Martín Valero y 4532; MP: Miguel de los Santos Gandarillas Martos), de 8 de marzo de 2017 (ECLI:ES:AN:2017:1088; MP: Miguel de los Santos Gandarillas Martos) y de 12 de enero de 2024 (ECLI:ES:AN:2024:253; MP: Mercedes Pedraz Calvo).

La Audiencia Nacional recuerda que las prótesis mamarias son productos de clase III.

"Como expresa la resolución impugnada, la comercialización de todo producto sanitario en el ámbito de la Unión requiere que esté provisto del distintivo CE. La clasificación de las prótesis mamarias en la clase III, las convierte en productos de máximo riesgo, lo que exige que antes de su comercialización deban evaluarse por el Organismo Notificador, cuyo número identificativo debe figurar junto al código CE.

En un proceso de evaluación previa, el Organismo Notificador lleva a cabo una evaluación de fondo y forma del producto, comprueba la documentación técnica, los requisitos de seguridad, las características y las prestaciones de esos productos en condiciones normales de uso. Una vez que el producto obtiene el certificado CE, no está previsto por las autoridades sanitarias de los Estados Miembros ningún otro tipo de autorización para su comercialización en cada territorio de soberanía interna. El código CE constituye habilitación suficiente para su despacho, uso, distribución e implantación en cada uno de los Estados Miembros. Las prótesis mamarias de la empresa de nacionalidad francesa PIP, obtuvieron un distintivo CE tras la evaluación realizada por el Organismo Notificado Alemán TÜV Rheinland Producto Safety GMBH, con el número de identificación 0197. A partir de ese momento, el producto estaba listo para ser comercializado en la Unión, sin otro tipo de trabas o limitaciones. En estos casos, y con el beneplácito del código CE, el art. 4 de la Directiva 93/42/CEE , establece que «los Estados miembros no impedirán, en su territorio, la comercialización ni la puesta en servicio de los productos que ostenten el marchamo CE a que se refiere el art. 17 , que indique que han sido sometidos a una evaluación de su conformidad con arreglo a lo dispuesto en el art. 11»" (FD Tercero).

Asimismo, superada la evaluación de conformidad y colocado el marcado CE, las autoridades nacionales competentes del resto de Estados miembros no podían impedir o dificultar la libre comercialización de dicho producto sanitario, solo debiendo ser informadas de que el producto sanitario iba a ser comercializado.

El Tribunal también recordó que las autoridades nacionales competentes tienen deberes en la fase de poscomercialización.

> "Esto no significa que no existan otros controles o que aquí termine la labor de vigilancia sobre el producto. Quien pretenda comercializar o utilizar estos productos, debe comunicar a la «Agencia» el primer acto de comercialización en territorio nacional [...]. Junto a esta inicial comunicación, en el art. 32 del Real Decreto 414/1996 se establecía otro mecanismo de control y seguimiento del producto, ya que los profesionales y las empresas que lo utilicen estaban obligados a comunicar a la «Agencia» los incidentes que se detecten, o de los que tenga conocimiento, relacionados con las prótesis implantadas" (FD Tercero).

En el marco del sistema de vigilancia de productos sanitarios, la Audiencia Nacional indica que "[n]o se registraron en la «Agencia» datos o notificaciones dignas de reseñar, [...] hasta que el 30 de marzo de 2010 fue alertada por la Agencia Francesa de Medicamentos y Productos Sanitarios" de las medidas que se adoptaron en dicho país como consecuencia del incremento de casos de rotura e infecciones en personas implantadas con las prótesis mamarias.

Como se ha dicho, fue al día siguiente cuando la AEMPS adoptó medidas idénticas a las tomadas en Francia e informó a colegios profesionales y sociedades médicas de que cesaran en su utilización.

En relación con el fondo de la cuestión, la Audiencia Nacional concluyó que la AEMPS no debía ser condenada por ser su conducta "temprana, diligente, incluso inmediata":

> "La descripción fáctica y jurídica que hacemos en el anterior razonamiento, descarta la culpa in vigilando en la que la recurrente parece residenciar la responsabilidad patrimonial que sustenta en la demanda.
>
> [...] Todo ello exige que la atribución de responsabilidad de la Administración, en los casos de culpa in vigilando, debe circunscribirse a las conductas omisivas en el ejercicio de sus funciones de policía, control e inspección. Solo en caso de incumplimiento por parte de la Administración de esta obligación de vigilancia y atención, se podría anclar una responsabilidad de la naturaleza que se reclama.
>
> Del régimen jurídico descrito no se puede extraer ninguna transgresión o incumplimiento de las labores encomendada a las Autoridades Sanitarias. Al contrario, la reacción de la «Agencia» fue temprana, diligente, incluso inmediata: en cuanto tuvo conocimiento de las primeras alertas procedente de las Autoridades francesas sobre los problemas detectados en las prótesis, fueron difundidas y comunicadas a todos los interesados y operadores sanitarios" (FD Cuarto).

Finalmente, la Audiencia Nacional entró a valorar el argumento de los recurrentes consistente en que la AEMPS debería tener mayores capacidades de control. Según el Tribunal, esta alegación no puede ser el sustento de una reclamación de responsabilidad patrimonial pues cualquier control adicional sobre productos sanitarios autorizados en otro Estado miembro constituiría una infracción del Derecho de la Unión Europea, en tanto que sería una conducta contraria al principio de libre circulación de bienes.

"Si lo que lamenta la actora es la inexistencia de otros controles adicionales y no contemplados por la norma, estamos en un marco de responsabilidad diferente al que aquí enjuiciamos. Si la queja es del marco regulatorio, no debe olvidar la actora que nada podía hacer la «Agencia» respecto de las prótesis comercializadas, más allá de la actuación desplegada. Cualquier otro control adicional sobre el producto resultaría contrario al Derecho de la Unión, en la medida en que podrían ser calificados como restricciones a la libre circulación del producto sanitario, más allá de las previsiones y mecanismos recogidos en el art. 4 de la Directiva 93/42/CEE, y que proscribe cualquier actuación de los Estados Miembros que impidan, en su territorio, la comercialización o puesta en servicio de los ostenten el marchamo CE.

No es posible exigir a la Administración un deber genérico de vigilancia en la prestación de los servicios públicos fuera del propio marco legal. Tampoco la actora precisa que concreta norma de vigilancia ha incumplido la Administración y su relación con el daño generado; en la demanda no se identifica ninguna transgresión en el sentido indicado, más allá de la genérica invocación de «más» vigilancia a la vista de la postrera lesión y perjuicio sufrido por la Sra. Eva María. [...] Lo que se niega es que su reparación deba recaer sobre la Administración Sanitaria, cuando consta que desplegó todos los mecanismos y respuestas previstas por el ordenamiento jurídico, en cuanto detectó las irregularidades en las prótesis comercializadas.

En definitiva, ningún reproche cabe hacer al proceder de la Administración demandada, ni nexo causal se puede establecer con su actuación y el resultado lesivo sufrido por la recurrente" (FD Cuarto).

2.3. El fundamento de la absolución de la AEMPS: la subsidiariedad de sus funciones como autoridad nacional competente

Si el producto hubiera sido certificado favorablemente por un organismo notificado de otro Estado miembro, los principios del Reglamento 2017/745 impiden a la AEMPS intervenir en la fase previa a la puesta en circulación. No obstante, el Reglamento 2017/745 atribuye a las autoridades nacionales competentes unas funciones en materia de vigilancia y control de mercado:

— Asegurarse de que todos los productos sanitarios comercializados se adecúen a los requisitos de conformidad del Reglamento 2017/745[95]. A tal efecto, están facultados para requerir la entrega de documentación e información sobre el producto y realizar inspecciones en las instalaciones del fabricante y los demás agentes económicos involucrados en la producción[96].

— Ahora bien, si dichas actividades resultan en hallazgos de que el producto (i) presenta un riesgo inaceptable para la salud o la seguridad de los pacientes o (ii) incumple sustancialmente los requisitos de conformidad del Reglamento 2017/745, puede realizar procesos de evaluación de los mismos[97].

---

95. Art. 93.1 del Reglamento 2017/745.
96. Art. 93.3 del Reglamento 2017/745.
97. Art. 94 del Reglamento 2017/745.

— Si el resultado es que el producto presenta un riesgo inaceptable[98] para la salud pública o que es falsificado, puede ordenar su confiscación, destrucción o inutilización[99].

— El Reglamento 2017/745, sobre la base del principio de proporcionalidad, obliga a las autoridades nacionales competentes a requerir al fabricante y demás agentes económicos para que adopten cuantas medidas correctivas sean indispensables para que el producto objeto de alarma cumpla los requisitos reglamentariamente infringidos[100], pudiendo llegar a requerirles para que restrinjan la comercialización, o incluso retiren el producto del mercado o lo recuperen, en caso que ya hubiera sido puesto en servicio[101]. Solamente si el fabricante no las adopta en el plazo concedido al efecto, es cuando las autoridades nacionales competentes podrán

---

98. El concepto de riesgo "inaceptable" no aparece definido expresamente en el Reglamento 2017/745. No obstante, si leemos el considerando (81) veremos que lo relaciona con el "aumento estadísticamente significativo del número o de la severidad de los incidentes que no sean graves, [...], que pueda tener consecuencias significativas en la determinación de la relación riesgo-beneficio". Es decir, serán riesgos inaceptables dos tipos: (i) los eventos que tengan la consideración de "amenaza grave para la salud pública", es decir, un acontecimiento que "podría tener como resultado un riesgo inminente de muerte, deterioro grave de la salud de una persona o enfermedad grave que pueda requerir una actuación correctiva rápida y que pueda causar morbilidad o mortalidad significativa en los seres humanos [...]" (art. 2.66 del Reglamento 2017/745) y (ii) las amenazas no graves pero cuyo número, frecuencia y gravedad puedan impactar en la relación riesgo-beneficio del producto sanitario.

99. Art. 93.5 del Reglamento 2017/745.

100. El requerimiento de cumplimiento de los requisitos es el contenido máximo al que se puede llegar en los casos de productos que incumplan la normativa (art. 97.1 del Reglamento 2017/745).

101. Art. 95.1 del Reglamento 2017/745, solo para los productos sanitarios que presenten un riesgo inaceptable para la salud o seguridad de los pacientes.

prohibir o restringir la comercialización del producto u ordenar su retirada del mercado.[102]

Así, si existen indicios de que el producto sanitario es inseguro, la AEMPS tiene un deber de actuar[103], y es en ese escenario en el que se activan las previsiones de la responsabilidad por omisión, siempre que el demandante cumpla con las reglas de la carga de la prueba y, en particular, la relación de causalidad entre la omisión – la falta de adopción de medidas – y el daño.

Hasta el momento, la jurisprudencia se ha pronunciado en contra de imputar responsabilidad a la AEMPS por los daños causados por productos sanitarios defectuosos, no ya porque hayan entrado a debatir las cuestiones precisas de causalidad entre el defecto del producto y el funcionamiento anormal de la AEMPS; sino porque se ha concluido que su actuación había sido, en todo caso, constitutiva de un funcionamiento normal, que no generaba responsabilidad alguna, siendo la única causa que explicaba el daño sufrido por el paciente el defecto del producto.

Además, en muchas ocasiones, hay un sujeto que presenta más vinculación con el daño sufrido que la autoridad nacional competente. De hecho, el Reglamento 2017/745 les da, a estos últimos, un rol subsidiario de vigilancia y control. El papel que tienen los organismos notificados es mucho más intenso, teniendo impuesta una obligación de realización de auditorías sin previo

---

102. Arts. 95.4 y 97.2 del Reglamento 2017/745. Si la evaluación resultara en la detección de un riesgo potencial, la autoridad nacional competente podrá adoptar unilateralmente las mencionadas medidas (art. 98.1 del Reglamento 2017/745).

103. GILI SALDAÑA, Marian, *El producto sanitario defectuoso en Derecho español*, Atelier, Barcelona, 2008, p. 117.

aviso con carácter quinquenal y siempre que existan indicios que permitan concluir que el producto presenta el riesgo de no adecuarse a los requisitos de seguridad y eficacia que contempla el propio Reglamento 2017/745 como condición previa a la emisión del certificado de conformidad.

A tal efecto, debemos recordar que su intervención de control de mercado solamente se activa cuando un producto sanitario ya comercializado presenta un "riesgo inaceptable para la salud pública", es "falsificado"[104] o incumple de cualquier otro modo el Reglamento 2017/745 sin presentar un riesgo inaceptable para la salud pública. Es decir, se trata de una intervención de carácter subsidiario respecto de la función atribuida a los organismos notificados.

Así, si un paciente sufre un daño como consecuencia de un defecto de seguridad del Da Vinci, la responsabilidad principal será del fabricante; y, solo si el operador del producto ha sido negligente, este.

Como veremos a continuación, la responsabilidad de los organismos notificados se ha planteado como una solución si su actuación ha sido negligente ante indicios fácilmente detectables en una inspección documental mínima.

Así pues, podemos concluir que la responsabilidad patrimonial de la AEMPS, cuando actúa como autoridad nacional competente de un producto comercializado en España y que ha obtenido el certificado de conformidad, debería ser residual.

Defendemos que debería confluir un defecto de seguridad en el producto que lo convirtiera en un riesgo in-

---

104. Art. 93.5 del Reglamento 2017/745.

aceptable para la salud pública o que incumpliera, de otro modo, el Reglamento 2017/745.

Además, el organismo notificado debería fallar en la ejecución de sus obligaciones al amparo del Reglamento 2017/745 ante indicios claros y, conociendo o debiendo conocer todo ello, la AEMPS, como autoridad nacional competente, no emprendiera – o lo haciera de forma tardía – los procedimientos de evaluación impuestos reglamentariamente.

En todo caso, la responsabilidad de la AEMPS como autoridad nacional competente sería un recurso difícil en términos de imputación objetiva. Existen demasiadas concausas del mismo daño y que, en aplicación de principios como el de la prohibición de regreso, permitirían a la autoridad nacional competente no ser considerada responsable si el organismo notificado también incurrió en una inobservancia de sus obligaciones de poscomercialización.

4.

LA RESPONSABILIDAD POR LA DEFECTUOSA VIGILANCIA DEL MERCADO DEL CNCPS

En España, el organismo notificado designado por la AEMPS es el CNCPS, una subdirección general adscrita a la AEMPS, tal y como prevé el art. 30.3 del RD 1275/2011:

> "3. Se adscribe a la Agencia Española de Medicamentos y Productos Sanitarios el Centro Nacional de Certificación de Productos Sanitarios como unidad con nivel orgánico de Subdirección General. Sin perjuicio de las especialidades recogidas en este Estatuto, se estará a lo dispuesto en el art. 95.2 de la Ley 40/2015, de 1 de octubre, para la determinación de los servicios comunes".

En este sentido, el organismo notificado español forma parte de la AEMPS, que será responsable por su actuación y por sus omisiones, fundamentándose en las reglas de la responsabilidad patrimonial. Por otro lado, la AEMPS también es autoridad nacional competente.

El hecho de que España haya designado un organismo de Derecho público para ejercer de organismo notificado es una excepción (juntamente con el *Istituto Superiore di Sanità* italiano), pues la mayoría de sus iguales son empresas privadas. En el ámbito privado, la responsabilidad de los organismos notificados se ha resuelto mediante el recurso a las reglas generales de la responsabilidad extra-contractual, que exigen la culpa del agente[105].

La escasa jurisprudencia en la materia se ha planteado en países de nuestro entorno cercano (Francia y Alemania) y permite extraer un conjunto de reglas que determinan el alcance de los deberes de diligencia de estos agentes. El punto de partida es que los organismos notificados tienen la obligación de realizar auditorías sin previo aviso en las instalaciones de los fabricantes, proveedores y subcontratistas una vez cada cinco años (punto 3.4 del Capítulo I del Anexo IX del Reglamento 2017/745).

No obstante, ello no implica que, con la realización de una auditoría cada cinco años, se liberen de toda responsabilidad, sino que, además, la STJUE *Schmitt*[106] aclaró que los organismos notificados están obligados a realizar más inspecciones, también sin previo aviso, si tienen sospechas fundadas de que el producto cuya conformidad han certificado está incurso en alguno de los motivos que permitirían la suspensión o retirada del certificado de conformidad. Fue, precisamente, el incumplimiento de esta carga de diligencia la que ha motivado las últimas condenas a TÜV Rheinland por el escándalo de las prótesis mamarias PIP.

A pesar de la ya importante jurisprudencia en el ámbito de la responsabilidad extracontractual civil, no ha habido reclamaciones de responsabilidad patrimonial contra la AEMPS como responsable por las actuaciones del CNCPS, cuando ha sido el propio organismo público el

---

105. GARCÍA-MICÓ, *op. cit.*, pp. 176-179.
106. STJUE de 16 de febrero de 2017, *Elisabeth Schmitt contra TÜV Rheinland LGA Products GmbH* (C-219/15, ECLI:EU:C:2017:128) (en lo sucesivo, STJUE *Schmitt*).

que ha realizado la evaluación de conformidad. Todos los casos que hemos visto anteriormente se escudaban, en gran medida, en que la AEMPS no podía hacer nada ya que había sido un organismo notificado de otro Estado Miembro el que había realizado la evaluación de conformidad y el obligado a efectuar las inspecciones. En este sentido, nos tenemos que preguntar si la respuesta sería igual en el caso en que hubiera sido el CNCPS el que hubiera expedido el certificado de conformidad.

Para dar respuesta a esta cuestión debemos clarificar, en primer lugar, si la evaluación de conformidad es un procedimiento parecido a una autorización pública o a una licencia (es decir, obligatoria) o no. Si decimos que sí lo es, entonces podemos aplicar los precedentes sobre responsabilidad por los actos del sujeto autorizado en los que la administración responde por culpa y, en concreto, por *culpa in vigilando*.

1. LA NATURALEZA JURÍDICA DE LA EVALUACIÓN DE CONFORMIDAD

1.1. El "antiguo" enfoque

Antes de 1985, en la Unión Europea la regulación de los productos y servicios se sometía a las normas técnicas de los distintos Estados miembros, lo cual complicaba cumplir con uno de los principios esenciales de la Unión en relación con el mercado interior: la libre circulación de mercancías y servicios (art. 26.2 TUE). ¿Cómo se podía asegurar la libre circulación de, por ejemplo, un producto sanitario si Francia tenía unos requisitos distintos a los de España o a los de Italia? En la práctica se fragmentaba el mercado interior en relación con productos complejos o de importancia para la salud pública.

Tal fragmentación normativa y la necesidad de imponer controles previos a la comercialización de un producto sanitario autorizado por las autoridades competentes de un Estado miembro en el territorio de otro estaba justificada al amparo del art. 36 TFUE, que permite las "restricciones a la importación, exportación o tránsito", cuando estén "justificadas por razones de [...] protección de la salud y vida de las personas". Esto tenía un límite: las limitaciones o restricciones "no deberán constituir un medio de discriminación arbitraria ni una restricción encubierta del comercio entre los Estados miembros" (art. 36 *fine* TFUE).

En este sentido, es fundamental la STJUE de 20 de febrero de 1979, *Cassis de Dijon* (C-120/78; ECLI:EU:C:1979:42).

La empresa *Rewe-Zentral AG* presentó una solicitud de importación a Alemania una partida de la bebida alcohólica francesa *Cassis de Dijon*. El órgano competente, la *Bundesmonopolverwaltung für Branntwein* (Administración Federal del Monopolio de los Alcoholes), denegó la autorización. El motivo fue que el producto no cumplía con la graduación de alcohol mínima prevista en la normativa alemana. La resolución de la autoridad administrativa fue recurrida y la *Hessisches Finanzgericht* elevó una cuestión prejudicial en la que cuestionaba la compatibilidad de la norma que exigía una graduación mínima de alcohol con el art. 30 del antiguo Tratado de la Comunidad Económica Europea (actual art. 36 del TFUE).

Según el TJUE, la restricción o la prohibición de importación son tolerables cuando estén justificadas para la protección de intereses superiores a la libre circulación de mercancías. Al TJUE no le parecieron convincentes los argumentos ofrecidos por el Gobierno alemán (protección de la lealtad de las transacciones comerciales). Más bien considera que la única motivación es la protección de los productos nacionales y que, por ende, la norma constituía una medida de efecto equivalente a las restricciones cuantitativas a la importación prohibida por los Tratados y contraria a la libre circulación de mercancías.

En resumen, la STJUE *Cassis de Dijon* somete a ciertos condicionantes las restricciones a la libre de circulación de mercancías. En primer lugar, parte de una premisa, y es el principio de reconocimiento mutuo de la legalidad de productos comercializados. Es decir, si un producto está siendo legalmente comercializado en un Estado miembro, debe poder comercializarse libremente en los otros.

En segundo lugar, que en ausencia de legislación de armonización, los Estados pueden legislar las condiciones en que los productos de otros Estados miembro pueden importarse en su territorio. Y, en tercer lugar, que, cualquier medida que se imponga y que pueda afectar a la libre circulación de mercancías debe tener en cuenta dos variables cumulativas: la prosecución de un interés público[107] (que el art. 36 TFUE explicita en la protección del "orden público, moralidad y seguridad públicas, protección de la salud y vida de las personas y animales, preservación de los vegetales, protección del patrimonio artístico, histórico o arqueológico nacional o protección de la propiedad industrial y comercial"); y la proporcio-

---

107. Para. 14.

nalidad y necesidad, es decir, que la medida es la menos gravosa para conseguir el objetivo perseguido[108].

1.2. El "nuevo" enfoque

En este sentido, la STJUE *Cassis de Dijon* pone de manifiesto que la restricción a la libre circulación de mercancías solamente podía limitarse a los supuestos de incumplimiento de requisitos esenciales, es decir, de aquellos casos en los que la protección de un objetivo de interés general. Por lo tanto, la Comunidad Europea adopta la Resolución del Nuevo Enfoque en que se recoge un conjunto de principios básicos de la política europea de normalización:

— **Esencialidad y obligatoriedad en materias armonizadas (legislación de armonización)**: la normativa de armonización relativa a las condiciones técnicas para la comercialización o puesta en servicio de los productos industriales debe únicamente versar sobre los requisitos esenciales de seguridad y protección de la salud pública que los productos de un determinado sector (política de evaluación de la conformidad horizontal) deben cumplir para su comercialización y puesta en servicio. Además, la legislación de armonización debe ser de máximos.

---

108. La proporcionalidad de la medida no la enuncia expresamente la STJUE, sino que la expresa con la siguiente frase: "[...] cuando es fácil asegurar una información apropiada del comprador mediante la exigencia de una mención sobre la procedencia y el grado alcohólico en el embalaje de los productos" (para. 13), es decir, que la protección de la lealtad en las transacciones comerciales no requiere la prohibición de importación de bebidas alcohólicas que no alcancen una mínima graduación, bastando con una información clara y transparente.

— **Normalización técnica voluntaria como presunción de conformidad (normas armonizadas**[109] **y especificaciones técnicas**[110]**):** para garantizar que existen unos estándares comunes que aseguren el cumplimiento de los requisitos esenciales de seguridad de los productos industriales[111], se prevé la creación de normas técnicas sectoriales comunes

---

109.   Una "norma armonizada" es una "norma europea adoptada a raíz de una petición de la Comisión para la aplicación de la legislación de armonización de la Unión" [art. 2.1.c) del Reglamento 1025/2012] adoptada "por una organización europea de normalización" [art. 2.1.b) del Reglamento 1025/2012]. Son organizaciones europeas de normalización reconocidas por el Anexo I del Reglamento 1025/2012: el Comité Europeo de Normalización (CEN), el Comité Europeo de Normalización Electrotécnica (CENELEC) y el Instituto Europeo de Normas de Telecomunicaciones (ETSI).

110.   Las especificaciones técnicas son un tipo de "norma" (art. 2.1 del Reglamento 1025/2012), igual que las normas armonizadas, y también son adoptadas por un organismo de normalización, pero la diferencia es que no lo son a petición de la Comisión, sino que son "un documento en el que se prescriben los requisitos técnicos que debe reunir un producto, proceso, servicio o sistema" (art. 2.5 del Reglamento 1025/2012). Por lo tanto, los aspectos comunes entre las normas armonizadas y las especificaciones técnicas es que son normas no legislativas, adoptadas por organismos de normalización (o incluso por la propia Comisión, art. 9.1 del Reglamento 2017/745) y cuya observancia no es obligatoria. Y dos son las diferencias esenciales: la primera, que las normas armonizadas son objeto de publicación en el DOUE (art. 8.1 del Reglamento 2017/745), mientras que las segundas no. La segunda diferencia está en la iniciativa para su adopción: mientras que las especificaciones técnicas surgen de la iniciativa propia del organismo de normalización, las normas armonizadas surgen de la iniciativa de la Comisión. Por ello, el tratamiento en la legislación de armonización de la Unión es distinto, la cual considera preferente la observancia de las normas armonizadas, antes que las especificaciones técnicas. Por ejemplo, el art. 9.1 del Reglamento 2017/745 considera que las especificaciones comunes podrán aplicarse cuando "no existan normas armonizadas o cuando las correspondientes normas amonizadas no sean suficientes, o bien cuando sea necesario hacer frente a problemas de salud pública, y previa consulta al MDCG" (art. 9.1 del Reglamento 2017/745).

111.   En el concreto ámbito del Reglamento 2017/745 se han publicado en el DOUE seis normas armonizadas.

aprobadas por los organismos competentes en materia de normalización industrial.

— **El principio del "enfoque global"**: la legislación de armonización debe basarse en una evaluación de conformidad previa a la comercialización y puesta en circulación de los productos cubiertos por ella, estando prohibido "crear cualquier sistema de control previo a la puesta en el mercado"[112].

— **Reconocimiento mutuo o recíproco (cláusula de libre circulación)**: fruto del principio de prohibición de las restricciones cuantitativas entre los Estados miembros (arts. 28 y ss. TCE; actuales 34 y ss. TFUE), la resolución impone la necesidad de reconocimiento recíproco de los resultados de las pruebas sobre los productos certificados de conformidad bajo el enfoque global.

En este sentido, los esquemas tradicionales de autorización nacional (los del caso *Cassis de Dijon*) quedaban vetados por el nuevo enfoque, pasando a un sistema de armonización horizontal (por sectores) y sujeto a la evaluación de conformidad previa ejecutada por los organismos notificados, ello es, organismos de evaluación de la conformidad certificados favorablemente por las autoridades nacionales competentes de su Estado miembro de residencia, previa solicitud y acreditación del cumplimiento de unos estrictos requisitos previstos en la legislación de armonización.

Por lo tanto, todas las Directivas del nuevo enfoque (que, luego, han pasado a ser Reglamentos) deben incluir

---

112. Punto II.2 del "Esquema que continene los principios y elementos principales que deberán constituir el núcleo de las Directiva", de la Resolución del Nuevo Enfoque.

en sus Anexos el conjunto de requisitos esenciales de seguridad, cuyo cumplimiento deberá verificar el organismo notificado con carácter previo a su comercialización o puesta en servicio en la Unión Europea. Los organismos notificados verificarán que la documentación presentada cumple con los requisitos esenciales y, para ello, podrán servirse de las normas armonizadas o, en su defecto, de las especificaciones comunes cuyo cumplimiento sirve como presunción de conformidad.

En España, el impacto más importante del nuevo enfoque se puede observar en la Ley de Industria, posterior a la incorporación de España a la Unión Europea. En la exposición de motivos se resalta que la Ley de Industria:

> "[…] cumple la Ley la necesidad de adaptar la regulación de la actividad industrial en España a la […] constitución del mercado interior, lo que implica, entre otras consecuencias, la necesidad de compatibilizar los instrumentos de la política industrial con los de la libre competencia y circulación de mercancías", en particular, en cuanto a la "eliminación de barreras técnicas a través de la normalización y armonización de las reglamentaciones e instrumentos de control, así como el nuevo enfoque comunitario basado en la progresiva sustitución de la tradicional homologación administrativa de productos por la certificación que realizan empresas y otras entidades, con la correspondiente supervisión de sus actuaciones por los poderes públicos" (EM 1, para 10).

La Ley de Industria menciona el concepto de "homologación administrativa", siendo esta una "[c]ertificación por parte de una Administración Pública de que el prototipo cumple los requisitos técnicos reglamentarios" (art.

8.7 de la Ley de Industria)[113]. De hecho, todas las figuras de homologación administrativa industrial vigentes hasta el momento ("homologación de producto", "homologación de tipo" y "registro de tipo") fueron sustituidas por las "certificaciones de confomidad" (DA 5ª RICSI).

1.3. En conclusión, la evaluación de conformidad tiene la misma eficacia que una autorización de comercialización

La evaluación de conformidad es, por tanto, un requisito de imperativa observancia previa a la comercialización o puesta en servicio de un producto sujeto a la legislación de armonización de la Unión, puesto que debe verificarse el cumplimiento de los requisitos esenciales de seguridad que dicha legislación recoge.

El resultado de la evaluación de conformidad favorable es el "certificado de conformidad" el cual es configurado expresamente como requisito normativo en la Guía Azul. Con el certificado favorable, el fabricante podrá redactar la declaración de conformidad, colocar el marcado CE en los productos con el número de identificación del organismo notificado encargado de la evaluación de conformidad y, entonces, comercializar o poner en servicio el producto de que se trate.

---

113.   De hecho, la doctrina había calificado la función de homologación como una potestad administrativa dual: como una función de control y otra de fe pública, cuyo resultado era una autorización operativa y un requisito necesario para el ejercicio de la actividad correspondiente. Véase MALARET GARCIA, Elisenda, «Una aproximación jurídica al sistema español de normalización de productos industriales», *Revista de Administración Pública*, núm. 116, 1988, p. 318 y CANALS I AMETLLER, Dolors, *El ejercicio por particulares de funciones de autoridad*, Comares, Granada, 2003, p. 155.

El sector de los productos sanitarios está incluido en el nuevo enfoque, de modo que el proceso sumariamente descrito en el párrafo anterior, es perfectamente replicable. Además, en este caso, hay muchos indicios en el texto del Reglamento 2017/745 que permiten sostener con mayor firmeza la obligatoriedad de la evaluación de conformidad.

El art. 10.6 solamente permite elaborar la declaración de conformidad "tras el correspondiente procedimiento de evaluación de la conformidad". En este sentido se impone la obligación a los fabricantes de "asegurar[…] que [sus productos] han sido diseñados y fabricados con arreglo a los requisitos del presente Reglamento" (art. 10.1), debiendo "elaborar[…] y actualizar[…] la documentación técnica [… que] permitirá que se evalúe la conformidad del producto" (art. 10.4).

Por su lado, los considerandos del Reglamento 2017/745 son más explícitos al distinguir entre los productos de clase I, en los que la evaluación de conformidad es realizada por el propio fabricante, y los de clase IIa, IIb y III, en que "debe ser <u>obligatorio</u> un nivel apropiado de intervención de un organismo notificado" (Cdo 60). Es decir, que en los productos de clase IIa, IIb y III[114] la evaluación de conformidad realizada por un organismo notificado es siempre obligatoria y su inobservancia se sanciona como una infracción muy grave [art. 112.2.c).2ª del RDL 1/2015] con multas de entre 90.001 hasta el quíntuplo del valor de los productos objeto de la infracción, si esta es superior a 1.000.000 € [art. 114.1.c) del RDL 1/2015].

---

114.   El da Vinci sería un producto sanitario de clase III, tal y como concluí en García-Micó, *op. cit.*, p. 57.

Así pues, el nuevo enfoque ha provocado que las funciones de policía del mercado que ejercían las administraciones públicas, se liberalicen, pudiendo ser realizadas por organismos públicos y por organismos privados[115], sujetos a un mismo conjunto de requisitos para su favorable certificación como organismos notificados. Pero ello no cambia la realidad: no puede comercializarse lícitamente un producto en el mercado único si no ha obtenido el certificado de conformidad de uno de los organismos notificados de cualquier Estado miembro, elegido a libertad por parte del fabricante del producto sanitario. En este sentido, las funciones realizadas por el organismo notificado son, en puridad, las antiguas funciones de homologación de productos que tenían otorgadas exclusivamente las administraciones públicas[116].

2. LA RESPONSABILIDAD DEL CNCPS COMO ORGANISMO NOTIFICADO

Pongámonos, pues, en la tesitura de que una empresa decide que el CNCPS sea quien realice la evaluación de conformidad del robot quirúrgico antes de introducirlo en el mercado europeo. La cuestión que se puede plantear, y a la cual daré respuesta, es cómo podrá un paciente que ha sufrido una lesión durante la utilización de un robot quirúrgico certificado de conformidad por el CN-

---

115. Un fenómeno de "privatización de la calidad y de la seguridad industrial", tal y como lo titula ÁLVAREZ GARCÍA, Vicente J., «El proceso de privatización de la calidad y de la seguridad industrial y sus implicaciones desde el punto de vista de la competencia empresarial», *Revista de Administración Pública*, núm. 159, 2002, p. 343.

116. En este mismo sentido, CANALS I AMETLLER, *op. cit.*, p. 157.

CPS, articular su demanda de responsabilidad patrimonial contra la AEMPS por omisión del CNCPS.

El tratamiento a la responsabilidad por omisión del CNCPS no requiere invenciones ni artificios jurídicos, ni tampoco la creación de nuevas teorías, pues nos basta con la aplicación analógica de teorías que ya están asentadas. Me refiero, en concreto, a la responsabilidad del sujeto licenciante o autorizante por los actos del sujeto autorizado. Es decir, de la responsabilidad de la Administración pública que ha concedido una autorización a una empresa privada para el ejercicio de una actividad sujeta a una prohibición relativa o a reserva de excepción.

La aplicación analógica de esta regla de responsabilidad por omisión es posible, pues el supuesto de hecho es extrapolable a la evaluación de conformidad, porque en el nuevo enfoque la evaluación de conformidad sustituye a las antiguas homologaciones o autorizaciones. El nuevo enfoque implica la liberalización de una actividad de policía (vigilancia *ex ante* y *ex post* del mercado interior) tradicionalmente monopolizada por las Administraciones Públicas, con la consiguiente translación de las responsabilidad a sujetos privados y públicos quienes, eso sí, deberán superar un proceso de notificación ante las autoridades responsables de los organismos de evaluación de la conformidad – administraciones públicas. En esencia, la autorización ha dejado de ser requisito para la puesta en circulación de productos en el mercado común, pero se ha trasladado a una fase previa, a los sujetos que se encargarán de dar el visto bueno que antes daban las administraciones públicas. Las autoridades públicas de los Estados miembros ahora deberán autorizar a organismos públicos o privados especializados en la evaluación de la conformidad para actuar como organismo notificado.

En este sentido, ¿cómo podemos calificar las omisiones del CNCPS (como sujeto autorizante)? Y, más allá, ¿cuál puede ser la fuente de la responsabilidad?

2.1. Omisión absoluta y omisión relativa

Las omisiones pueden ser de dos tipos: absolutas y relativas. Las omisiones absolutas son aquellas que se caracterizan por la completa falta de intervención de la administración cuando existe el deber legal de evitar la causación de un daño al ciudadano. Las omisiones relativas son aquellas en las que la administración sí ha actuado, pero no lo ha hecho con la intensidad suficiente que habría evitado o, cuanto menos, reducido el daño sufrido por el ciudadano.

Un ejemplo de imputación de responsabilidad patrimonial por omisión lo tenemos en la SJC-A núm. 2 de Girona, de 18 de abril de 2011 (JUR\2013\346149; MP: Isabel Hernández Pascual).

> Dionisio reclamaba 60.000 euros al Ayuntamiento de Vilamacolum por los daños y perjuicios sufridos por las inmisiones y molestias (insectos) procedentes de la finca vecina que la empresa CEVIL SA empleaba como almacén de grano y que contaba con la preceptiva autorización administrativa.

El juzgado considera que la dejación de la Administración de su "potestad de control permanente de la actividad" (FD Cuarto) justificaría la condena a la administración a pagar una indemnización de 4.118 euros por año, contados desde el 21 de diciembre de 2005 "y hasta que el Ayuntamiento imponga al titular de la actividad alguna medida de protección que evite la propagación de insectos del almacén de grano a su vivienda, y que sea una medida coercitiva, cuyo cumplimiento no dependa de la voluntad del titular de la actividad" (Fallo). Ello porque el consistorio "no ha impuesto a su titular ninguna medida de protección adecuada para evitar esa inmisión, ni acredita que técnicamente no sea posible evitarla o disminuirla" (FD Cuarto). En definitiva, el Ayuntamiento no hizo nada pese a tener el deber legal de hacerlo, al haber autorizado la actividad ejercida por CEVIL SA en la finca vecina a la del demandante.

Otro caso de omisión se observa en la SAN, Sec. 1ª, de 10 de julio de 2014 (TOL4.470.833; MP: Fernando de Mateo Menéndez).

> Juan Luís interpuso recurso contencioso-administrativo contra la resolución de 23 de abril de 2012 del Presidente de la Confederación Hidrográfica del Guadalquivir, por la cual se le desestimaba su petición de responsabilidad patrimonial. El objeto del procedimiento fueron los daños sufridos en la finca rústica del actor por el desbordamiento del arroyo Guadalmazán tras los fuertes episodios de lluvias acaecidos entre el 18 y 22 de diciembre de 2010. Según el actor la causa de los desbordamientos fue que el arroyo se hallaba totalmente colmatado. La SAN condena a la Comunidad de Andalucía al pago de 59.420,79 euros al actor.

La sentencia estudiada se centró, entre otras cuestiones, en si la administración tenía la obligación de mantener en adecuado estado de conservación los cauces de ríos y arroyos para prevenir su obstaculización y el consiguiente riesgo para las fincas de las proximidades.

Según la Audiencia Nacional, la Ley de Aguas impone la obligación de mantener en buen estado del dominio público hidráulico, con el objeto de reducir al mínimo las posibilidades de inundación en zonas de riesgo. Según las pruebas periciales aportadas al proceso por el demandante, quedó acreditado que el estado de colmatación de los cauces desborados se debió a la "ausencia de labores de limipieza y mantenimiento" y a la "mala gestión de desembalses" por parte de la Comunidad de Andalucía. En este sentido, dos son las omisiones imputadas: la primera, consistente en no desembalsar la presa que ya estaba, al inicio del periodo de precipitaciones, al 100% de su capacidad; y, la segunda, consistente en no realizar intervenciones suficientes para desedimentar los cauces del río.

2.2. El alcance de las funciones de vigilancia administrativa en la concesión de licencias y autorizaciones

El primer caso citado en la subsección anterior ha puesto de manifiesto cómo la administración puede ser responsable por los actos dañosos de un sujeto privado al cuál ha concedido una autorización o licencia. Ahora bien, no todas las licencias son iguales en cuanto al alcance temporal de las funciones de policía de la administración. Es decir, en algunos casos, la administración solamente interviene *ex ante*, por medio de la remoción del obstáculo legal que impide realizar libremente la actividad de que se trata. En otros, la intervención *ex ante*, o es muy reducida (sujeta a declaración responsable) o menos intensa, pero siempre hay un deber de vigilancia *ex post* de la adecuación de la actividad autorizada.

En este sentido, la jurisprudencia contencioso-administrativa ha distinguido entre las licencias de operación y las licencias de funcionamiento. En las licencias de operación, la adminsitración no tiene ningún deber legal posterior a la concesión de la autorización. Un ejemplo de licencia de operación son las urbanísticas, como las de obras[117], o de construcción de infraestructuras[118].

En las licencias de funcionamiento, la administración no solo remueve el obstáculo para el ejercicio de la actividad, sino que su concesión mantiene "un constante intervencionismo de la Administración para supervisar si se está prestando en forma adecuada"[119], surgiendo una "re-

---

117.   SAP Burgos, Sec. 3ª, de 20 de septiembre de 2002 (JUR\2002\264449; MP: Juan Francisco Sancho Fraile): "Ciertamente, la intervención de la Corporación Municipal concediendo o denegando una licencia de obras, tiene una naturaleza reglada, y con la finalidad de <u>comprobar la adecuación de la obra proyectada con la normativa urbanística</u> [...]. Por consiguiente, la eventual responsabilidad de la Corporación demandada por los hechos procesales <u>no puede fundarse en la concesión de la licencia de obra</u>, porque su intervención reglada <u>se limita al ámbito de la ordenación urbanística</u>, de conformidad a ésta de la obra proyectada; como acto de autorización para el ejercicio de un derecho del que ya es titular el sujeto autorizado, <u>sin crear vínculo alguno entre la Adminsitración otorgante, y el sujeto que la recibe, y mucho menos en relación a terceros</u>, pues las licencias se conceden sin perjuicio de estos, sin alterar las situaciones jurídicas privadas en las que se encuentren, tanto por lo que se refiere a la propiedad de los terrenos, como <u>respecto a otras posibles consecuencias que en el orden privado puedan derivar de la actividad autorizada</u>" (FD NOVENO).

118.   SAN, Sala C-A, Sec. 4ª, de 29 de mayo de 2013 (JUR\2013\209519; MP: Manuel Fernández-Lomana García): "La Administración, por lo tanto, ante una solicitud de construcción de instalaciones debe autorizarlas, verificar su interés general, que las obras se encuentran sometidas a los límites establecidos en la legalidad [...] y facilitar, en su caso, la expropiación, ocupación y acceso de los terrenos necesarios. [...] Pero <u>no es responsabilidad de la Administración controlar y corregir cualquier incidencia que pueda surgir entre el ejecutante de la obra y los titulares</u> afectados por la ocupación temporal de las fincas afectadas. [...] Hacer a la Administración responsable de todo hecho o actuación que la entidad privada titular de la autorización [...] pueda realizar <u>con base a una</u> [*sic*.] <u>deber de vigilacia o "*culpa in vigilando*" supone extender la responsabilidad de la Adminsitración más allá de lo legalmente previsto</u>. Pues, como hemos dicho, el deber de la Administración, <u>se limita a controlar la adecuación de la realización de la obra al proyecto</u> [...]" (FD TERCERO).

119.   STSJ Madrid, Sala C-A, Sec. 2ª, de 30 de julio de 2020 (JUR\2021\8722; MP: María Soledad Gamo Serrano); SJC-A núm. 1 de Santander, de 16 de octubre de 2017 (RCJA\2018\279; MP: Juan Varea Orbea); SsTSJ Madrid, Sala C-A,

lación permanente" entre el sujeto autorizado y la administración autorizante que la legitima para adaptar, modificar, suspender o retirarla si existe un desajuste o algún cambio respecto de cómo se está ejecutando la actividad inicialmente autorizada. Son ejemplos de este tipo de licencias las ambientales[120] o las de actividad[121].

Así pues, es fundamental determinar cuál es el alcance de las funciones de policía de la administración, porque de ello dependerá si se le podrá imputar o no la responsabilidad por los actos del tercero, fundada en su propia inacción. En las licencias de operación, no será posible, pues solamente será posible considerar a la adminsitración responsable si concedió una licencia que nunca debió conceder[122], ya sea por falta de aptitud del solicitante, ya sea por la negligente verificación de los requisitos le-

---

Sec. 2ª, de 2 de diciembre de 2015 (RJCA\2016\69; MP: Juan Francisco López de Hontanar Sánchez) y de 22 de abril de 2015 (JUR\2015\153523; MP: Juan Francisco López de Hontanar Sánchez); SJC-A núm. 2 de Girona, de 18 de abril de 2011; STSJ Cataluña, Sala C-A, Sec. 3ª, de 1 de diciembre de 2009 (JUR\2010\118267; MP: Francisco López Vázquez) y STSJ Madrid, Sala C-A, Sec. 2ª, de 21 de septiembre de 2007 (JUR\2008\50073; MP: Juan Francisco López de Hontanar Sánchez).

120. SJC-A núm. 2 de Girona, de 18 de abril de 2011.

121. SJC-A núm. 1 de Santander, de 16 de octubre de 2017: "Tal licencia ha de considerarse, dentro de las clasificaciones que efectúa la doctrina, como [...] de funcionamiento. Las licencias de funcionamiento, a diferencia de lo que sucede con las licencias por operación, prolongan su vigencia mientras dura la actividad autorizada y hacen surgir una relación permanente entre Administración y sujeto autorizado con el fin de proteger el interés el interés público frente a vicisitudes y circunstancias que puedan surgir. [...] Tal jurisprudencia ha destacado que la posibilidad de actuación de la Administración no se agota en la concesión y revocación de la licencia sino que dispone de un poder de intervención de oficio y de manera constante con la finalidad de salvaguardar la protección de personas y bienes" (FD TERCERO).

122. LAGUNA PAZ, José Carlos, «Responsabilidad de la administración por daños causados por el sujeto autorizado», *Revista de Administración Pública*, núm. 155, 2001, p. 51.

gales para la concesión de la autorización (culpa *in eligendo*).

Por el contrario, en las licencias de funcionamiento, fruto de esa perpetuación de la relación resultante de la concesión de la autorización, se añade una fuente de responsabilidad más: la absoluta pasividad (omisión absoluta) o la toma de medidas insuficientes (omisión relativa) en ejercicio de las facultades de vigilancia y control que habrían podido evitar la concreción del resultado dañoso[123].

2.3. La evaluación de conformidad de productos sanitarios: "licencia" de operación o "licencia" de funcionamiento

La determinación de qué tipo de "licencia" (empleando la terminología del antiguo enfoque) es la evaluación de conformidad requiere analizar los deberes legales de los organismos de evaluación de la conformidad y, en particular, del CNCPS.

El Reglamento 2017/745 positiviza, en el punto 3.4. del Anexo IX, que "[e]l organismo notificado llevará a cabo, al menos una vez cada cinco años, auditorías in situ sin previo aviso y al azar al fabricante [...]". Es decir, existe una obligación legal de realizar auditorías de aquellos productos evaluados de conformidad por el organismo notificado. No obstante, ¿acaba allí el alcance de los deberes de vigilancia de estos sujetos? La respuesta debe ser negativa.

Junto con estas auditorías preceptivas, los organismos notificados deben realizar también controles y visitas sin previo aviso cuando tienen constancia de que ha habido

---

123. *Ibid.*

un cambio de las circunstancias que llevaron a emitir el certificado de conformidad. La cuestión ya ha sido planteada con ocasión de las prótesis mamarias PIP, cuya evaluación de conformidad fue efectuada por la empresa alemana TÜV Rheinland.

2.3.1. Los hechos del caso PIP

El 22 de octubre de 1997, TÜV Rheinland LGA Products GmbH emitió certificado de conformidad del sistema de gestión de calidad de la prótesis mamarias PIP. El certificado de conformidad fue renovado tras las correspondientes auditorías con preaviso, el 17 de octubre de 2002, el 15 de marzo de 2004 y el 13 de diciembre de 2007.

El 25 de febrero de 2004, tras la reclasificación de las prótesis mamarias como productos de clase III, PIP presentó el diseño del producto sanitario denominado "implantes mamarios precargados con gel de silicona de alta cohesividad (IMGHC)", que fue certificado de conformidad por TÜV Rheinland LGA el 15 de marzo de 2004, con fecha de expiración el 14 de marzo de 2009. El certificado fue renovado el 27 de mayo de 2009. Todas las auditorías que efectuó TÜV Rheinland LGA las efectuó por medio de inspectores de su filial TÜV Rheinland France y siempre con previo aviso.

El 16 y 17 de marzo de 2010 la *Agence Française de Sécurité Sanitaire des Produits de Santé* inspeccionó las instalaciones de PIP y constató que muchas prótesis se habían fabricado con un gel de silicona industrial, distinto del gel médico Nusil. Este hecho y el riesgo de rotura precoz provocaron que el Ministerio de Sanidad recomendara su explantación inmediata.

Se iniciarion actuaciones penales contra los directivos de PIP, que fueron condenados por sentencia de 2 de mayo de 2016 por los delitos de engaño agravado y estafa, al constatarse que habían utilizado el gel de silicona industrial a partir de octubre de 2002.

2.3.2. La STJUE Schmitt y el alcance de los deberes de vigilancia de los organismos notificados

El TJUE conoció de este caso a raíz de una petición de cuestión prejudicial del BGH en el pleito que enfrentaba a la Sra. Schmitt con TÜV Rheinland.

El 1 de diciembre de 2008, la Sra. Schmitt se implantó quirúrgicamente unos implantes mamarios de la empresa PIP. Tras tener conocimiento de que en 2010 la autoridad regulatoria francesa avisó que se había descubierto que el productor de las prótesis había utilizado silicona industrial, la Sra. Schmitt solicitó, en 2012, la explantación de las prótesis mamarias.

Tras ello, la Sra. Schmitt demandó a TÜV Rheinland, tanto por la vía contractual como por la extracontractual, imputándole una falta de diligencia al no haber realizado auditorías sin previo aviso, ni haber revisado la documentación comercial. Ello, en opinión de la actora, habría desvelado que la fabricante no estaba produciendo sus productos conforme a la documentación técnica inicialmente auditada para el otorgamiento del certificado de conformidad. En su demanda reclamaba 40.000 euros en concepto de daños morales, así como que TÜV Rheinland fuera responsabilizada por cualquier daño material futuro que sufriera.

Su demanda fue desestimada y, también lo fue su recurso de apelación. La Sra. Schmitt recurrió ante el BGH que elevó tres cuestiones prejudiciales ante el TJUE, de las cuales solamente nos interesan la segunda y la tercera: si existía una obligación de realizar inspecciones sin previo aviso si no había motivos que lo justificaran.

El TJUE parte de la premisa de que los organismos notificados tienen un importante grado de discrecionalidad en el desarrollo de sus funciones. Ello implica que, como regla general, las funciones de los organismos notificados se concentran en la fase previa a la comercialización[124] y que, pese a que intervienen en la fase poscomercialización, ello no implica que tengan una obligación general de realizar inspecciones sin previo aviso[125].

No obstante, entiende el TJUE que el grado de discrecionalidad de los organismos notificados no debe ser ilimitado, pues ello impactaría negativamente en la seguridad de los productos que se comercializan[126]. Es por este motivo que, atendiendo al hecho de que la Directiva 93/42 les asignaba la función de poder revocar el certificado CE de conformidad, indirectamente imponía también una "obligación de diligencia inherente" en la ejecución de sus funciones legales[127].

A resultas de lo anterior, los organismos notificados están sujetos a una "obligación de vigilancia" que les impone actuar cuando "existan indicios que sugieran que un producto sanitario puede no ajustarse a los requisitos derivados de la Directiva 93/42", estando obligado el organismo notificado a "adoptar todas las medidas necesarias para cumplir las obligaciones establecidas en el citado art. 16, apartado 6, así como las expuestas en el

---

124. STJUE *Schmitt*, apartado 41.
125. STJUE *Schmitt*, apartado 40.
126. STJUE *Schmitt,* apartado 45.
127. Sin decirlo expresamente, el TJUE reconoce a los organismos notificados el papel de guardianes de acceso.

apartado 41 de la presente sentencia"[128]. El incumplimiento "culpable" de estas obligaciones estará sujeto a un régimen de responsabilidad no armonizado a nivel comunitario[129].

a) Las repercusiones del caso Schmitt en Alemania

Conviene ver cómo decidieron los tribunales alemanes (domicilio de TÜV Rheinland) en los casos que se dieron después de la STJUE *Schmitt*.

I.   La sentencia del BGH (Sala de lo Civil, 36/14) de 22 de junio de 2017, NJW 2017, 2617

Esta sentencia es la que dictó el BGH como consecuencia de la STJUE *Schmitt*. El BGH analiza la Directiva 93/42 y, en particular, las obligaciones que impone sobre los organismos notificados.

En la fase previa a la puesta en circulación o en servicio del producto sanitario, el organismo notificado tiene la obligación de "evaluar la conformidad del sistema de control de calidad que debe presentar el fabricante [...] [i.e., auditoría]. Además, el fabricante tiene que presentar documentación sobre el diseño del producto que el organismo notificado tiene que examinar [...]"[130].

En la fase posterior a la puesta en circulación o en servicio del producto sanitario, el organismo notificado debe realizar una "vigilancia del sistema de control de calidad [...]", lo cual implica que "realizará periódicamente las inspecciones y evaluaciones necesarias para asegu-

---

128.   STJUE *Schmitt*, apartado 47.
129.   STJUE *Schmitt*, apartado 59.
130.   Sentencia del BGH de 22 de junio de 2017, párrafo 23.

rarse de que el fabricante aplica el sistema de control de calidad aprobado"[131].

Asimismo, se prevé que "el organismo notificado podrá realizar visitas sin previo aviso al fabricante y, en caso necesario, efectuar o encargar ensayos para comprobar el buen funcionamiento del sistema de control de calidad". No obstante, y también indica la sentencia que "esta obligación [...] no existe con carácter general, sino sólo si existen indicios de que el producto sanitario no cumple los requisitos" de la Directiva 93/42[132]. Son estas concretas obligaciones poscomercialización las que el demandante consideró infringidas y que el *Oberlandsgericht* Zweibrüken concluyó, igual que hizo el BGH, que no habían sido incumplidas, pues supervisó el sistema de control de calidad y se aseguró de que el fabricante lo aplicaba. El problema de este caso fue que el fraude del fabricante[133] impidió al organismo notificado detectar razones para la realización de inspecciones sin previo aviso[134].

Ahora bien, sí que había otros incumplimientos que, pese a que habrían sido suficientes para activar dichos deberes, fueron desestimados por el BGH, pues la actora y recurrente no los había planteado en el momento procesal oportuno[135]. En concreto, que:

---

131. Sentencia del BGH de 22 de junio de 2017, párrafo 24.
132. Sentencia del BGH de 22 de junio de 2017, párrafo 25.
133. Sentencia del BGH de 22 de junio de 2017, párrafo 28: "el fabricante francés había creado un sistema de encubrimiento para engañar a las autoridades francesas y a la demandada sobre el hecho de que utilizaba silicona industrial para rellenar los implantes. Antes de las inspecciones periódicas, el fabricante francés modificó el proceso de fabricación en cada caso y lo presentó a los inspectores de la demandada, y solamente proporcionó la documentación del uso de la silicona aprobada".
134. Sentencia del BGH de 22 de junio de 2017, párrafo 29.
135. Sentencia del BGH de 22 de junio de 2017, párrafo 30.

— La FDA publicó, en el año 2001, una alerta en su página web que advertía del uso de solución salina, y no silicona, en las prótesis mamarias, cuestión que podría haber descubierto fácilmente la demandada.

— La autoridad regulatoria francesa de productos sanitarios había publicado un informe que evidenciaba que, "a partir de 2002 [...] el fabricante [...] habría requerido una supervisión especial"[136].

La única cuestión que se había planteado por la actora ("la facilidad de intercambio de la silicona y la poca visibilidad de dicho intercambio"[137]) fue rechazada por el BGH por tratarse de un "riesgo potencial abstracto" que "no es suficiente, ni siquiera en el caso de los productos sanitarios de la clase de mayor riesgo, para considerar que el organismo notificado está obligado a tomar medidas especiales de vigilancia"[138].

En consecuencia, el BGH concluyó que TÜV Rheinland no había incumplido sus obligaciones, por lo que mantuvo su absolución de instancia.

II. La sentencia del BGH de 27 de febrero de 2020

La segunda sentencia del BGH de 27 de febrero de 2020, conoció de la acción de repetición de una aseguradora que, tras haber pagado las indemnizaciones correspondientes a 26 aseguradas, se subrogó en sus derechos frente a la demandada – el organismo notificado TÜV Rheinland. En particular, reclamaba el pago de 50.287,15 €

---

136. Sentencia del BGH de 22 de junio de 2017, párrafo 32.
137. Lo cual, en opinión de la parte recurrente, era un indicio objetivo de una mala conducta por parte del fabricante.
138. Sentencia del BGH de 22 de junio de 2017, párrafo 34.

y los gastos quirúrgicos de explantación de las aseguradas, así como otros daños futuros, no solo respecto a las
26 identificadas, sino a cuantas otras pudieran surgir en
un futuro. La demanda fue desestimada por el tribunal de
instancia y por el *Oberlandsgericht* Nürnberg, el cual desestimó el recurso relativo a la pretensión condenatoria
pues "la responsabilidad de la demandada ya estaba excluida por razones legales", siendo "irrelevante si se podía
imputar a la demandada los incumplimientos de sus deberes en relación con la inspección y certificación del sistema de control de calidad y de la documentación del diseño" pues, cualquier incumplimiento no afectaría a las
víctimas ya que "no había existido ningún deber" respecto
a ellas. Descarta, así, que el contrato celebrado entre el
fabricante francés y el organismo notificado pudiera tener
efectos protectores respecto de las víctimas[139]. También
desestimó las acciones de responsabilidad extracontractual *ex* §§ 823 I[140] y II[141] BGB.

El BGH anula la sentencia recurrida y considera que el
Oberlandsgericht Nürnberg debió resolver respecto de la
posible responsabilidad extracontractual del organismo
notificado.

En primer lugar, el BGH entiende que el *Oberlandsgericht* Nürnberg erró al considerar que la cuestión de la
responsabilidad extracontractual había sido ya considerada improcedente por el propio BGH en la anterior sen-

---

139.   Sentencia del BGH de 27 de febrero de 2020, párrafo 9.
140.   Sentencia del BGH de 27 de febrero de 2020, párrafo 10. Entiende
que el organismo notificado "no se encontraba en una posición especial de garante frente a los pacientes en sus actividades".
141.   *Ibid.*, entendiendo que la normativa alemana en materia de productos sanitarios no constituye "una norma de protección", pues "[n]o es reconoci-
ble que el legislador alemán haya querido dotar de responsabilidad extracontractual a una posible infracción del art. 6, apartado 2, de la MPG".

tencia de 22 de junio de 2017 pues, en dicha sentencia, se consideró la improcedencia de condenar a TÜV Rheinland porque el *Oberlandsgericht* Zweibrücken había constatado ya, analizando las pruebas obrantes en autos, que la actuación del organismo notificado había sido conforme a la Directiva 93/42. En el caso resuelto en la presente sentencia, el *Oberlandsgericht* Nürnberg no había realizado tal argumentación ni tal análisis, por lo que la cuestión podía y debía ser objeto de análisis[142].

Asimismo, entiende que la reclamación de la aseguradora tiene fundamento pues, "estos incumplimientos se derivan, entre otras cosas, de la falta de identificación, aclaración y subsanación de las irregularidades en materia de garantía de calidad, que se habrían detectado en P. ya en 1996 y habrían durado hasta 2004, así como de la falta de adopción de medidas de reacción por parte de la demandada ante las desviaciones detectadas en 2001 y de nuevo en los años 2004 a 2007"[143].

Considera el BGH que la normativa en materia de productos sanitarios sí es una norma incluida en el ámbito de aplicación del § 823 II BGB pues, en particular, "la protección de los destinatarios finales de los productos

___

142. Sentencia del BGH de 27 de febrero de 2020, párrafo 32: "En la medida en que [...] dejó abierta la cuestión de una responsabilidad extracontractual de la demandada por posibles incumplimientos del procedimiento de evaluación de conformidad [...] por cuenta de P. [...], ello se basó en el hecho de que en el caso concreto, según las conclusiones del Tribunal de Apelación, que son vinculantes [...], la responsabilidad ya estaba excluida debido a la falta de incumplimiento de un deber. En el presente caso, el tribunal de apelación no hizo ninguna constatación sobre los incumplimientos de las obligaciones que pudieran haber sido causales de los daños alegados en la acción".

143. *Ibid.* En comparación con la anterior sentencia del BGH, en este proceso sí se habían aportado pruebas que habrían permitido al órgano jurisdiccional constatar la existencia de indicios de sospecha.

sanitarios debe ser garantizada no sólo por el fabricante, sino también por el organismo notificado"[144].

La siguiente cuestión era si el daño concreto sufrido por las aseguradas entraba en el ámbito de protección de la norma. Razona el BGH que la normativa alemana en materia de productos sanitarios y, en concreto, su art. 6, establecía la necesidad del certificado CE – que requería, a su vez, de la superación del procedimiento de evaluación de conformidad realizado por el organismo notificado – para la comercialización de un producto sanitario en Alemania[145].

Afirma también que "el contenido de los apartados 1 y 2 del art. 6 de la MPG se dirige al fabricante y no directamente al organismo notificado". Asimismo, el precepto señalado no "aborda, al menos según su redacción, la protección de los destinatarios finales de los productos sanitarios"[146].

Ahora bien, también razona que dicha norma hace una remisión a las disposiciones relativas a las obligaciones de dichos organismos lo cual, siguiendo los razonamientos de la STJUE *Schmitt*, permite concluir que "ésta no sólo tiene por objeto la protección de la salud en sentido estricto, sino también la seguridad de las personas y, en particular, de los pacientes, y que, como tal, sirve para proteger a los destinatarios finales de los productos sanitarios"[147].

A renglón seguido, añade que las funciones del organismo notificado son asimilables a las de una autoridad

---

144. Sentencia del BGH de 27 de febrero de 2020, párrafos 33 y 38.
145. Previsión idéntica a lo recogido en el art. 12.1 RD 1591/2009.
146. Sentencia del BGH de 27 de febrero de 2020, párrafo 35.
147. Sentencia del BGH de 27 de febrero de 2020, párrafos 36 y 44. y STJUE *Schmitt*, párrafo 53.

de derecho público, permitiéndole adoptar medidas de precaución en caso de descubrirse que no debería haberse emitido el certificado de conformidad[148].

Tras el análisis general de la cuestión relativa al ámbito de protección de la normativa regulatoria en materia de productos sanitarios, el BGH considera viable el sometimiento de los organismos notificados a las reglas de responsabilidad extracontractual[149]. La sujeción a dicho régimen de responsabilidad sería alternativa a las vías de responsabilidad que tiene la víctima de productos defectuosos: la *Produkthaftungsgesetz* alemana y el § 823 BGB[150]; y contra un sujeto distinto de los previstos en la primera norma.

Afirma el BGH que considerar que el organismo notificado no está sujeto a responsabilidad por culpa por el incumplimiento de los deberes asumidos en el marco del procedimiento de evaluación de conformidad "que en la concepción europea del derecho de los productos sanitarios ocupa el lugar de un procedimiento de aprobación oficial, [...] devaluaría su importancia"[151]; y, además, generaría una diferencia inexplicable respecto de las autoridades regulatorias encargadas de la autorización de comercialización de medicamentos, que sí están sujetas a responsabilidad[152]. Ello sería pernicioso pues crearía un sistema de incentivos asimétricos en perjuicio de la protección de los destinatarios finales de dichos productos sanitarios[153].

---

148. Sentencia del BGH de 27 de febrero de 2020, párrafo 39.
149. Sentencia del BGH de 27 de febrero de 2020, párrafo 40.
150. Sentencia del BGH de 27 de febrero de 2020, párrafo 41.
151. Sentencia del BGH de 27 de febrero de 2020, párrafo 42.
152. Ibid.
153. Sentencia del BGH de 27 de febrero de 2020, párrafo 43.

b) *Las repercusiones del caso Schmitt en Francia*

El caso también tuvo repercursión en Francia, el país donde PIP estaba domiciliada. A diferencia que en Alemania, ha habido muchos más procedimientos que han acabado ante la *Cour de cassation*. Según la base de datos oficial del gobierno galo (*Légifrance*), la *Cour de cassation* ha dictado 14 sentencias sobre la materia, todas ellas entre 2018 y 2024[154].

La cuestión que estas sentencias aclaran es cuándo TÜV Rheinland debería haber tenido que intensificar sus deberes de vigilancia y control. La *Cour de cassation* entiende que dicha obligación surgió a partir del año 2002, cuando se constató que las cantidades de gel Nusil adquiridas eran insuficientes para la producción de las prótesis. Más aun cuando, a partir de 2004, ya no se compraba nada de gel Nusil, pese a mantenerse la producción de prótesis. En opinión de la *Cour de cassation*:

> "Al pronunciarse de este modo, a pesar de haber constatado previamente que, antes del 1 de septiembre de 2006, los volúmenes de gel Nusil adquiridos y no ocultados en la contabilidad a la que habían tenido acceso los auditores, no podían ser suficientes para la fabricación de las prótesis e incluso eran nulos en 2004, y que estos volúmnes constituían un indicio que sugería el incumplimiento de las exigencias de la Directiva 93/42, como para justificar una visita sin previo aviso, el Tribunal de Apelación infringió las disposiciones antes citadas"

---

154. Sentencias de la *Cour de cassation*, Sala Civil, de 26 (ECLI:FR:CCASS:2024:C100366 y C100365) y de 5 de junio (ECLI:FR:CCASS:2024:C100315), de 31 de enero de 2024 (ECLI:FR:CCASS:2024:C100043), de 6 de diciembre (ECLI:FR:CCASS:2023:C100649), de 25 de mayo de 2023 (ECLI:FR:CCASS:2023:C100299, C100301 y C100302) y de 10 de octubre de 2018 (ECLI:FR:CCASS:2018:C100610, C100611, C100613, C100614, C100615 y C100616).

(para 13 de la sentencia de la *Cour de cassation* de 26 de junio de 2024).

2.2.3. Conclusión: la evaluación de conformidad como una licencia de funcionamiento

El análisis de la jurisprudencia en materia de evaluación de la conformidad en materia de productos sanitarios permite concluir que es equiparable a una licencia de funcionamiento, es decir, que las funciones de supervisión y vigilancia del organismo notificado no se agotan con la emisión del certificado de conformidad (control *ex ante*), sino que le mantienen vinculado con el fabricante del producto sanitario también cuando el producto está introducido en el mercado (control *ex post*). Así pues, su responsabilidad se podrá fundamentar en la inobservancia de dichas obligaciones de vigilancia de mercado.

Además, conviene mencionar, que también tenemos una forma de medir si ha habido incumplimiento o no de dichas obligaciones. En este sentido es muy útil la STJUE *Schmitt*, que aclara que los organismos notificados tienen un amplio margen de discrecionalidad a la hora de ejercer sus funciones.

No obstante, dicha discrecionalidad no puede ni debe confundirse con arbitrariedad, ni con inacción. Los organismos notificados tienen una obligación positiva de diligencia que se torna en un deber de efectuar inspecciones sin previo aviso en caso de que tengan indicios suficientes para creer que un producto que evaluaron positivamente ha dejado de cumplir con los requisitos de seguridad y eficacia del Reglamento 2017/745. Si las sospechas se tornan certezas (porque se confirma el incumplimiento), entonces deben (i) suspender o retirar el certificado o (ii) imponer restricciones, salvo que se adopten medidas correctoras para asegurar, de nuevo, el cumplimiento de los requisitos imperativos (art. 56.4 del Reglamento 2017/745). El hecho de no tomar las medidas que se integran dentro de la diligencia exigible a un especialista en el sector podrán tener como consecuencia la posible imputación de responsabilidad por los daños que terceros puedan sufrir, fruto de dicha inacción.

2.4. Una omisión del CNCPS permitiría considerarlo responsable, igual que a los organismos notificados de Derecho privado

La doctrina ha coincidido en que hay dos requisitos precisos para los casos de responsabilidad por omisión por las acciones del sujeto autorizado: que la administración tenga una posición de garante por un deber legal de actuar y que el resultado dañoso podría haberse evitado total o parcialmente si la administración hubiera actuado[155].

El deber legal, como hemos visto, existe. El Reglamento 2017/745 impone la obligación a los organismos notificados de verificar los sistemas de gestión de calidad aprobados una vez el producto ha sido puesto en el mercado (3.4 del Anexo IX del Reglamento 2017/745) y le permite imponer medidas correctoras ante los incumplimientos de los requisitos de seguridad y eficacia del Reglamento 2017/745 (art. 56.4). De este modo, la interven-

---

155. MIR PUIGPELAT, Oriol, *La responsabilidad patrimonial de la Administración sanitaria. Organización, imputación y causalidad*, Civitas, Madrid, 2000, pp. 241-243; GALLEGO CÓRCOLES, Isabel, «Daños derivados de la ejecución de contratos administrativos. La culpa *in vigilando* como título de imputación», *Revista de Administración Pública*, núm. 177, 2008, pp. 269 y 290 y LAGUNA PAZ, *op.cit.*, p. 35.

ción del organismo notificado (el CNCPS, en nuestro caso) no se limita a autorizar o no la puesta en circulación del producto (una función claramente reglada), sino que está obligado a mantener una cauta vigilancia de todas las incidencias que puedan surgir con posterioridad a la puesta en circulación del producto evaluado positivamente y, sin perjuicio de la auditoría sin previo aviso obligatoria, efectuar todas aquellas que sean precisas si hay indicios que permiten sospechar que el producto ha podido dejar de cumplir con los requisitos que llevaron a su positiva evaluación en un primer término.

La inobservancia de este deber legal podrá provocar que un producto no conforme con las disposiciones del Reglamento 2017/745 siga siendo comercializado o utilizado en pacientes, con el consiguiente riesgo de daño. Si dicho daño se llega a materializar y hubiera podido ser evitado con la adopción de las medidas que prevé el art. 56.4 del Reglamento 2017/745, podrá concluirse que el CNCPS es responsable del daño. Y, por ende, la responsabilidad la asumirá la AEMPS directamente, al hallarse el CNCPS adscrito a la agencia.

5.

REGLAS DE RESOLUCIÓN DE LOS CASOS DE RESPONSABILIDAD CONCURRENTE

La prestación de servicios médicos asistenciales es un ámbito en el que coexiste un amplio conjunto de sujetos que son, todos ellos, potenciales responsables del daño sufrido por la víctima y que, por ende, pueden ser considerados obligados al pago de la indemnización de daños y perjuicios.

En el ámbito del Derecho privado, la respuesta, desde hace algunos años, ya ha sido resuelta mediante el recurso a la solidaridad impropia y, en el plano procesal, a la ausencia de un litisconsorcio pasivo necesario. Es decir, se puede demandar a todos, a algunos o solo a un potencial responsable. Esto es una posibilidad, no una obligación. No obstante, si solo se demanda a uno, y este resulta ser el condenado, será este y solo este quien deberá compensar a la víctima mediante el pago de la correspondiente indemnización fijada judicialmente en sentencia pudiendo, eso sí, recurrir a la acción de repetición contra los restantes sujetos corresponsables.

En el ámbito de la prestación de servicios médicos públicos y en los que pueden existir corresponsables sujetos a Derecho público, conviene detenerse en el art. 33 de la LRJSP[156]:

"1. Cuando de la gestión dimanante de fórmulas conjuntas de actuación entre varias Administraciones públicas se derive responsabilidad en los términos previstos en la presente Ley, las Administraciones intervinientes responderán frente al particular, en todo caso, de forma solidaria. El instrumento jurídico regulador de la actuación conjunta podrá determinar la distribución de la responsabilidad entre las diferentes Administraciones públicas.

2. En otros supuestos de concurrencia de varias Administraciones en la producción del daño, la responsabilidad se fijará para cada Administración atendiendo a los criterios de competencia, interés público tutelado e intensidad de la intervención. La responsabilidad será solidaria cuando no sea posible dicha determinación.

3. En los casos previstos en el apartado primero, la Administración competente para incoar, instruir y resolver los procedimientos en los que exista una responsabilidad concurrente de varias Administraciones públicas, será la fijada en los Estatutos o reglas de la organización colegiada. En su defecto, la competencia vendrá atribuida a la Administración pública con mayor participación en la financiación del servicio.

4. Cuando se trate de procedimientos en materia de responsabilidad patrimonial, la Administración pública competente a la que se refiere el apartado anterior, deberá consultar a las restantes Administraciones implicadas para que, en el plazo de

---

156. Cuyo origen se remonta al art. 140 LRJ-PAC y respecto del cual se han producido varias modificaciones. La primera, se añadió, en el apartado 1º la frase "frente al particular, en todo caso". El segundo cambio consistió en la adición los apartados 3º – relativo al procedimiento de incoación, instrucción y resolución en vía administrativa de este concreto tipo de procedimientos de responsabilidad patrimonial – y 4º - que incluye un deber de consulta entre administraciones.

quince días, éstas puedan exponer cuanto consideren proce-
dente".

Así, la norma prevé dos de los tres supuestos de co-
rresponsabilidad que nos podemos encontrar: la responsabilidad de varias administraciones públicas que actúan
bajo formas colegiadas de gestión y la de aquellas que no
lo hacen. Ahora bien, falta un tercer supuesto, y es en el
que en la causación del daño han intervenido una administración pública y un sujeto privado – por ejemplo, el
fabricante de un producto sanitario defectuoso. A esta
cuestión se le ha dado respuesta, tradicionalmente y
como veremos, en el plano de la causalidad.

1. LA RESPONSABILIDAD DE ADMINISTRACIONES PÚBLICAS QUE ACTÚAN BAJO FORMAS COLEGIADAS DE ACTUACIÓN

Este es el primer supuesto de concurrencia de diversos sujetos responsables en la causación del daño y en
los que las diversas administraciones públicas implicadas
conciertan una actuación conjunta en el marco de órganos de cooperación o entidades con personalidad jurídica propia, a través de un instrumento jurídico formal de
dicha cooperación[157].

Entre otras, dichas formas colegiadas de actuación
pueden consistir en[158]: comisiones bilaterales de cooperación y conferencias sectoriales[159], convenios de colabo-

---

157. González-Varas Ibáñez, Santiago, *Tratado de Derecho Administrativo*, T. I, Civitas, Navarra, 2008, pp. 374-375 y Esteve Pardo (2021), *op. cit.*, p.
301.

158. Alonso Segovia, *op. cit.*, p. 1619.

159. Arts. 147, 148, 149, 152, 153 y 154 LRJSP.

ración[160], consorcios[161], mancomunidades[162] y encomiendas de gestión[163].

En estos casos, la regla general es la de la solidaridad entre las distintas administraciones. No obstante, dicha regla puede ser excepcionada[164] si, como dice el precepto el instrumento jurídico regulador de la fórmula conjunta de actuación establece un reparto de la responsabilidad.

2. LA RESPONSABILIDAD DE ADMINISTRACIONES PÚBLICAS QUE NO ACTÚAN BAJO FORMAS COLEGIADAS DE ACTUACIÓN Y LA INTERVENCIÓN DE TERCEROS SUJETOS DE DERECHO PRIVADO

Fuera de los supuestos anteriores, y los que son relevantes a los efectos de la presente monografía, hallamos la distribución de responsabilidad entre administraciones que han sido concausas del daño sufrido por la víctima pero que no han actuado colegiadamente, sino cada una de forma independiente.

Asimismo, y como ya anticipábamos, también analizaremos un supuesto adicional, y es aquel en el que en la causación del daño hay factores vinculados con las acciones u omisiones de terceros sujetos de Derecho privado, cuestión que no aparece resuelta en el art. 33 LRJSP.

En el caso objeto de estudio surge un supuesto de este tipo en tres escenarios distintos:

---

160. Art. 47 LRJSP.
161. Arts. 118 a 127 LRJSP y 67 LBRL.
162. Art. 44 LBRL.
163. Art. 11 LRJSP.
164. GARCÍA DE ENTERRÍA MARTÍNEZ-CARANDE Y FERNÁNDEZ, *op. cit.*, p. 435 y ESTEVE PARDO (2021), *op. cit.*, p. 301.

— Cuando el daño se debe a la utilización de un robot quirúrgico en el marco de la prestación médica asistencial en un hospital integrado en el Sistema Nacional – o regional – de Salud, así como la propia AEMPS – en su condición de responsable por las omisiones del CNCPS[165].

— Cuando el daño se debe a la utilización del robot en el marco de la prestación médica asistencial en un hospital privado, y cuando la AEMPS es responsable por el incumplimiento de los deberes poscomercialización del CNCPS; así como cuando sea, únicamente, autoridad nacional competente.

— Cuando el organismo notificado ha emitido un certificado de conformidad de un producto sanitario defectuoso.

2.1. Daños vinculados a varias administraciones públicas

En estos casos, el art. 33.2 LRJSP se remite a una regla general de responsabilidad mancomunada y una subsidiaria de responsabilidad solidaria. Ello implica que se deberá determinar, con carácter principal, la cuota o grado de responsabilidad que cada administración ha tenido en la causación del daño[166]. Para ello, se recurre a crite-

---

165. Siempre que el producto sanitario haya sido considerado conforme a los requisitos de seguridad y eficacia del Reglamento 2017/745 por otro organismo notificado, la responsabilidad de la AEMPS deberá analizarse desde el prisma de sus funciones – restringidas – de autoridad nacional competente en las actividades de control de mercado previstas en los arts. 93 y ss. del Reglamento 2017/745.

166. Así lo confirma la STS, Tercera, Sec. 4ª, de 25 de mayo de 2011 (ECLI:ES:TS:2011:3536; MP: Santiago Martínez-Vares García): "En suma, hay que partir de la base de que no estamos ante el caso previsto en el art. 140.1 de la Ley 30/92 (fórmulas conjuntas de actuación), sino que estamos ante el supues-

rios legales como la competencia, el interés público tutelado y la intensidad de la intervención[167].

La STS, Tercera, de 25 de mayo de 2011 conocía de un recurso contra la sentencia del Tribunal Superior de Justicia que había estimado parcialmente el recurso contencioso-administrativo contra la desestimación por silencio administrativo de la reclamación de responsabilidad patrimonial contra la COPUT y el reconocimiento a favor de la actora de una indemnización de 676.138,60 euros por un siniestro acaecido por la falta de prácticos en el puerto de Denia.

Para la individualización de la responsabilidad entre las administraciones públicas concurrentes, el Tribunal Supremo tiene en consideración:

— En primer lugar, el interés público tutelado y la competencia: la seguridad marítima, que constituye una competencia estatal.

— En segundo lugar, en cuanto a la necesidad de la intervención, entiende el Tribunal que, si bien la provisión de prácticos en los puertos es una com-

---

to previsto en el art. 140.2; es decir, los casos en que, de modo causal, concurren varias Administraciones a la producción del daño. Esto es consecuencia de que dicho daño se ha producido, no por un acto jurídico, sino por un hecho jurídico (un siniestro). Y, en dichos casos, el art. 140.2 de la Ley 30/92 aboca a que, con carácter principal, se busque un único patrimonio responsable, en la medida de lo posible, atendiendo a criterios de competencia, interés público tutelado y necesidad de la intervención; sin que sea posible recurrir a la responsabilidad solidaria más que en los casos en que no sea posible la individualización de las respectivas responsabilidades. Y así, ya antes de la Ley 30/92, lo entendió de esta forma la STS de 10 de abril de 1989, así como la de uno de abril de 1985 (RJ 1985, 1784); e incluso la de 17 de mayo de 1989 (RJ 1989, 3937), que en todo caso condena a dos Administraciones, pero individualizando concretamente los daños imputables a cada una de ellas".

167.   García de Enterría Martínez-Carande y Fernández, *op. cit.*, p. 435.

petencia autonómica, es también cierto que, para dar cumplimiento a la misma es necesaria la intervención estatal, por medio de la convocatoria de las pruebas de habilitación.

— Concluye el Tribunal Supremo que hubo una concurrencia de causas en la intervención tanto de la Generalitat Valenciana – única demandada – y la Administración General del Estado – que no fue demandada – correspondiendo a cada administración una cuota de responsabilidad del 50% en la causación del daño reclamado.

2.2. La intervención de terceros sujetos de Derecho privado

La intervención de terceros sujetos a Derecho privado y que han sido objeto de análisis en este trabajo, pese a la problemática inicial, se ha visto resuelta con las reformas normativas que afectan, directamente, al ámbito de la jurisdicción contencioso-administrativa. En particular, el párrafo segundo del art. 9.4 LOPJ, que prevé:

"Conocerán [i.e., "Los del orden contencioso-administrativo"], asimismo, de las pretensiones que se deduzcan en relación con la responsabilidad patrimonial de las Administraciones públicas y del personal a su servicio, cualquiera que sea la naturaleza de la actividad o el tipo de relación de que se derive. Si a la producción del daño hubieran concurrido sujetos privados, el demandante deducirá también frente a ellos su pretensión ante este orden jurisdiccional. Igualmente conocerán de las reclamaciones de responsabilidad cuando el interesado accione directamente contra la aseguradora de la Administración, junto a la Administración respectiva".

También, aunque vetando la posibilidad de acudir a otras jurisdicciones, el art. 2.e) LJC-A:

> "e) La responsabilidad patrimonial de las Administraciones públicas, cualquiera que sea la naturaleza de la actividad o el tipo de relación de que derive, no pudiendo ser demandadas aquellas por este motivo ante los órdenes jurisdiccionales civil o social, aun cuando en la producción del daño concurran con particulares o cuenten con un seguro de responsabilidad".

Por lo tanto, se consagran los principios de unidad de procedimiento y de jurisdicción. El primero, asegurando que la norma procesal que regirá la declaración de responsabilidad patrimonial será, siempre y en todo caso, la LJC-A; el segundo, asegurando que solamente los Juzgados y Tribunales de lo contencioso-administrativo podrán condenar a la Administración pública[168].

Así pues, sea como fuera, la intervención de terceros en la causación del daño, siempre que una de las partes implicadas en el curso causal sea una Administración pública, provocará la atracción del enjuiciamiento a la jurisdicción contencioso-administrativa, tras el procedimiento administrativo previo[169], del cual el tercero será ajeno.

En todo caso, a esta regla le sigue una excepción de nota. Si el daño que sufre el paciente en un hospital público es cocausado por un defecto en el producto, la víc-

---

168.   Sobre esta cuestión y, en particular, sobre la crítica a este "privilegio de la Administración", véase GÓMEZ LIGÜERRE, Carlos, *Derecho aplicable y jurisdicción competente en pleitos de responsabilidad civil extracontractual*, Marcial Pons, Madrid, 2019, pp. 135-137. También, sobre la conveniencia del conocimiento por Tribunales especializados, REVESZ, Richard L., «Specialized Courts and the Administrative Lawmaking System», *University of Pennsylvania Law Review*, Vol. 138, núm. 4, 1990, p. 1111 y DARI-MATTIACCI, Giuseppe / GAROUPA, Nuno / GÓMEZ POMAR, Fernando, «State Liability», *European Review of Private Law*, núm. 4, 2010, p. 805.

169.   GÓMEZ LIGÜERRE (2019), *op. cit.*, p. 142.

tima podrá optar por demandar, directa y exclusivamente, al fabricante (art. 133 TR-LGDCU). Será este último, una vez condenado y satisfecha la indemnización quien deberá instar el correspondiente procedimiento contra la Administración cocausante para la repetición de la cuota correspondiente de la indemnización. No obstante, este último aspecto le es ajeno a la víctima.

2.3. Aplicación de las reglas anteriores al Da Vinci

2.3.1. *Escenarios en los que el producto sanitario no es defectuoso*

Si el daño ha sido sufrido en un hospital público, como consecuencia de una infracción de la *lex artis* en la manipulación de un robot quirúrgico que no es defectuoso, el único sujeto responsable será la administración sanitaria por funcionamiento anormal del servicio.

Asimismo, si el producto no presenta indicios que hagan poner en duda la relación riesgo-beneficio, no se podrá intentar imputar responsabilidad ni al organismo notificado, ni, mucho menos, a la AEMPS, como autoridad nacional competente.

No obstante, la existencia de un único sujeto directamente responsable de los daños, no implica, automáticamente, que no haya más responsables. De hecho, las administraciones sanitarias también suscriben pólizas de responsabilidad civil[170], por lo que su aseguradora tam-

---

170. Huergo Lora, Alejandro, *El seguro de responsabilidad patrimonial de las Administraciones Públicas*, Marcial Pons, Madrid, 2002, p. 73; Begoña Arquillo Colet, Begoña, *Seguro y responsabilidad patrimonial de la Administración Pública*, Atelier, Barcelona, 2008, pp. 34-35 y 212 y Cuñat Edo, Vicente / Bataller Grau, Juan, «El seguro de responsabilidad de las administraciones públicas: sus elementos personales», en Blasco Gascó, Francisco de Paula / Clemente Meoro,

bién será potencialmente responsable en ejercicio de la
acción directa del art. 76 LCS.

En este caso, la víctima deberá iniciar el procedimiento administrativo de reclamación de responsabilidad patrimonial, exclusivamente, contra la administración sanitaria quien, en todo caso, deberá mantener informada a su aseguradora[171].

Si, tras la finalización del procedimiento administrativo, la resolución no satisface las expectativas de la víctima, entonces podrá demandar, conjuntamente, a la administración sanitaria y a la aseguradora, como tercero[172] sujeto a Derecho privado, siempre frente ante la jurisdicción contencioso-administrativa[173], en cumplimiento de lo dispuesto en los arts. 2 LJC-A y 9.4 LOPJ.

No obstante lo anterior, la víctima puede optar por ejercitar la acción directa a la que está habilitado conforme al art. 76 LCS y demandar, exclusivamente, a la aseguradora de la administración sanitaria, salvo cuando haya habido procedimiento administrativo desestimatorio del derecho de la víctima[174].

En este caso, el procedimiento se regirá por lo previsto en el art. 76 LCS[175] y con la competencia exclusiva de los Juzgados y Tribunales de la jurisdicción civil[176].

Mario Enrique / ORDUÑA MORENO, Francisco Javier / PRATS ALBENTOSA, Lorenzo / VERDERA SERVER, Rafael (Coords.), *Estudios jurídicos en homenaje a Vicente L. Montés Penadés*, Tirant lo Blanch, Valencia, 2011, pp. 773-796.

171. GÓMEZ LIGÜERRE (2019), *op. cit.*, p. 208.

172. Aunque se les reconoce la legitimación pasiva, en calidad de parte codemandada, en el art. 21.1.c) LJC-A.

173. Ibid.

174. GÓMEZ LIGÜERRE (2019), *op. cit.*, p. 209.

175. Que solo permite la exoneración de responsabilidad por "culpa exclusiva del perjudicado y las excepciones personales que tenga contra éste".

176. GÓMEZ LIGÜERRE, Carlos, «Cambio de vía», *InDret*, núm. 1, 2001, pp. 1-3; DE ÁNGEL YÁGÜEZ, Rafael, «Acción directa del perjudicado contra la asegura-

Sobre esta cuestión es particularmente relevante la STS, Primera, de 5 de junio de 2019 (ECLI:ES:TS:2019:1840; MP: Eduardo Baena Ruiz). En el caso, la parte actora demandaba, en el marco de una acción directa, a Zurich España, CIA de Seguros y Reaseguros, S.A., a la que reclamaba 1.289.567,62 euros, más los intereses del art. 20 LCS, por los daños y perjuicios sufridos por uno de los actores en el marco de una intervención de mentoplastia y lipofiling practicada en mayo de 2012 en un hospital pertenenciente al Instituto Madrileño de Salud Pública.

La negligencia alegada fue la ausencia de consentimiento informado, el deficiente examen postoperatorio y la indebida actuación del equipo médico cuando se produjo el episodio de insuficiencia respiratoria. Las secuelas fueron daños cerebrales irreversibles generadores de una discapacidad reconocida del 100%.

Con carácter previo a la demanda, la actora había incoado procedimiento administrativo ante el Instituto Madrileño de Salud Pública, que finalizó con una resolución administrativa que le concedió 334.684,66 euros a la ahora reclamante.

---

dora de una Administración Pública: jurisdicción competente», *La Ley*, núm. 5574, 2002; MIR PUIGPELAT, Oriol, «La jurisdicción competente en materia de responsabilidad patrimonial de la Administración: una polémica que no cesa», *InDret*, núm. 3, 2002; GÓMEZ LIGÜERRE, Carlos, «Dos veces en la misma piedra», *InDret*, núm. 1, 2003, pp. 1-3 y GÓMEZ LIGÜERRE (2019), *op. cit.*, pp. 211-217. En particular, también, véanse los AaTS, Sala Especial, de 27 de diciembre de 2001 (ECLI:ES:TS:2001:12284A; MP: Jose María Álvarez-Cienfuegos Suárez); de 21 de octubre de 2002 (ECLI:ES:TS:2002:8952A; MP: Xavier O'Callaghan Muñoz), de 18 de octubre de 2004 (ECLI:ES:TS:2004:11724A; MP: Jesús Eugenio Corbal Fernández), de 20 de julio de 2012 (ECLI:ES:TS:2012:8152A; MP: Francisco Javier Arroyo Fiestas), de 24 de septiembre de 2012 (ECLI:ES:TS:2012:10602A; MP: Francisco Javier Arroyo Fiestas) y de 4 de diciembre de 2014 (ECLI:ES:TS:2014:8308A; MP: Sebastián Sastre Papiol). También, la STS, Primera, de 30 de mayo de 2007 (ECLI:ES:TS:2007:5009; MP: Juan Antonio Xiol Ríos).

La SJPI estimó sustancialmente la demanda y condenó a la aseguradora a abonar a la actora 735.972,75 euros, más los intereses reconocidos en el art. 20 LCS, pues el daño ascendía a 1.070.337,51 euros, a los cuales se les debían deducir los 334.684,66 euros reconocidos en el procedimiento administrativo.

La SAP desetimó el recurso de apelación de Zurich y estimó parcialmente la impugnación de la actora para reconocer que los 334.684,66 euros también devengarían los intereses del art. 20 LCS.

Recurrida la SAP por la actora y la demandada, el Tribunal Supremo dictó sentencia estimando el recurso de la aseguradora Zurich y desestimando el de la actora. Como consecuencia de ello, casó la sentencia recurrida y dejó sin efecto la SJPI, entendiendo que la condena a Zurich debía circunscribirse al pago de la cuantía reconocida en el procedimiento administrativo, más los intereses del art. 20 LCS.

Tal conclusión la alcanza tras analizar tres posibles escenarios que pueden plantearse cuando ocurre un siniestro por el que pudiese exigirse responsabilidad patrimonial a una administración sanitaria.

a) Primer escenario: ejercicio de la acción directa sin procedimiento administrativo previo

La primera posibilidad frente a la que se encuentra la víctima es ejercitar, directamente, la acción directa del art. 76 LCS, para la cual no es requisito un procedimiento administrativo previo.

En este caso, la competencia recaerá en los Juzgados y Tribunales de lo civil, "pues no cabe acudir a los tribunales de lo contencioso-administrativa sin actuación u omisión administrativa previa que revisar ni Administración demandada que condenar" [FD Tercero, apartado 5(i)].

En estos casos, el Tribunal competente podrá pronunciarse, solo con carácter prejudicial, sobre los presupuestos delimitativos de la responsabilidad patrimonial del asegurado (la administración), y sobre su concurrencia o no en el caso de autos. Ello en consonancia con el art. 42 LEC[177].

Así, en estos supuestos, la cuantificación de la indemnización corresponderá a los Juzgados y Tribunales de lo civil.

b) Segundo escenario: acción directa contra la aseguradora con condena a la administración en vía contencioso-administrativa

En este segundo escenario, nos encontramos con una resolución administrativa que es recurrida en la jurisdicción contencioso-administrativa y que, finalmente, condena a la administración al pago de la indemnización de daños y perjuicios.

En este caso, el Juzgado o Tribunal de lo civil que conozca de la acción directa contra la aseguradora estará vinculado por la sentencia firme del órgano jurisdiccional de lo contencioso-administrativo declarando el siniestro asegurado. Así, la condena se regirá por lo establecido en dicha resolución.

No obstante, la aseguradora tendrá derecho a invocar las excepciones objetivas que se deriven de la póliza sus-

---

177. Que prevé que los Tribunales civiles pueden "[a] los solos efectos prejudiciales, [...] conocer de asuntos que estén atribuidos a los tribunales de los órdenes contencioso-administrativo y social" (art. 42.1 LEC), aunque dicha decisión "no surtirá efecto fuera del proceso en que se produzca" (art. 42.2 LEC).

crita con su asegurado, tales como "la definición del riesgo, el alcance de la cobertura y, en general, todos los hechos impeditivos objetivos que deriven de la ley o de la voluntad de las partes en el contrato de seguro" [FD Tercero, apartado 4(vi)][178].

c) Tercer escenario: acción directa contra la aseguradora con resolución administrativa no impugnada

Este era el caso resuelto por la STS comentada, en la que el particular acepta el resultado de la resolución administrativa por no haberla impugnado, en tiempo y forma, ante la jurisdicción contencioso-administrativa.

Entiende el Tribunal Supremo que, en este caso, "la aseguradora no puede quedar obligada más allá de la obligación del asegurado" y que, por lo tanto, "sería contrario a la legalidad que se utilizase la acción directa para impugnar el acto administrativo, que se había consentido, a los solos efectos indemnizatorios" (FD Tercero, apartado 7).

Por lo tanto, en este escenario, la obligación indemnizatoria de la aseguradora se limita al importe reconocido en la resolución administrativa firme.

Ahora bien, si esta hubiera sido desestimatoria de las pretensiones del particular, este no tendría derecho a indemnización alguna, ni de la administración, ni de la aseguradora, pues no hay siniestro.

---

178. Con cita a las SsTS, Primera, de 22 de noviembre de 2006 (ECLI:ES:TS:2006:7593; MP: Jose Antonio Seijas Quintana); de 8 de marzo de 2007 (ECLI:ES:TS:2007:1203; MP: Ignacio Sierra Gil de la Cuesta), de 23 de abril de 2009 (ECLI:ES:TS:2009:2215; MP: María Encarnación Roca Trías) y de 17 de abril de 2015 (ECLI:ES:TS:2015:1424; MP: Jose Antonio Seijas Quintana).

2.3.2. Escenarios en los que el producto sanitario es defectuoso

a) Primer escenario: actuación negligente del organismo notificado que no efectúa auditorías sin previo aviso existiendo indicios suficientes

En este primer escenario nos encontraremos un daño causado por un producto defectuoso, ello es, que no ofrece la seguridad que cabría legítimamente esperar.

A tal efecto, un primer sujeto potencialmente responsable sería el fabricante del Da Vinci que, atendiendo a que es extracomunitario, convertiría al representante autorizado en potencial responsable al amparo del art. 11.5 del Reglamento 2017/745.

Si, junto con ello, había indicios suficientes que, dentro del margen de discrecionalidad del que disponen los organismos notificados en virtud de la STJUE *Schmitt*, habrían exigido la realización de auditorías *in situ* sin previo aviso, nos encontraríamos con una responsabilidad múltiple entre el representante autorizado y el organismo notificado.

Si la AEMPS no efectuó sus funciones de vigilancia de mercado existiendo indicios, podríamos plantearnos también su potencial responsabilidad. No obstante, existiendo la conducta, también negligente, del organismo notificado, entendemos que el nexo causal con la AEMPS – como autoridad nacional competente – se interrumpirá al tratarse de una causa demasiado remota y existiendo, además, otras causas que explicarían, más adecuadamente, el resultado dañoso.

Además, deberemos valorar la diligencia del servicio médico que atendió al paciente. Si la actuación médica infringió la *lex artis*, estaremos ante un caso en el cual añadiremos la negligencia de los sujetos intervinientes en la asistencia sanitaria, ya sean públicos o privados.

De lo anterior, nos surgen múltiples actores, dos de Derecho público (el sistema regional de salud y la AEMPS, como responsable por las omisiones del CNCPS)[179], otros de Derecho privado. Además, entre los de Derecho público no existe ninguna forma concertada de actuación.

A tal efecto, y para resolver el conflicto relativo a los sujetos de Derecho público, deberíamos aplicar la regla del art. 33.2 LRJSP y determinar las cuotas de responsabilidad atribuibles a cada uno de ellos en virtud de su participación en el acto dañoso.

Si, de algún modo, la imputación de la AEMPS como autoridad nacional competente fuera posible – aunque, como se ha dicho, se defiende que no sería objetivamente imputable al daño sufrido por el paciente debido a que es una causa remota del daño – se considera que su cuota de responsabilidad debería ser baja, atendiendo a que las principales causas del daño sufrido por el paciente son dos: el defecto en el producto[180] y, además, su negligente utilización por parte del personal al servicio de la administración sanitaria.

No obstante, si el daño sufrido por el paciente no estuviera relacionado con el defecto del producto[181], no habría dudas de que cabría excluir la responsabilidad del

---

179. Si el hospital que hubiera prestado la asistencia sanitaria fuera privado, el único sujeto de Derecho público implicado sería la AEMPS en calidad de responsable por la omisión del CNCPS de sus obligaciones de vigilancia y control del mercado.

180. Que convierte en responsable al representante autorizado del fabricante del Da Vinci en el territorio de la Unión Europea.

181. Pongamos como ejemplo que el defecto estaba en un instrumento reutilizable que no fue utilizado en el procedimiento quirúrgico.

fabricante – y, por ende, de su representante autorizado – e imputar la obligación de indemnizar a la víctima a la administración sanitaria.

También, en un plano de contribución, la responsabilidad del organismo notificado también es relevante, pero en menor medida que la de las causas principales identificadas anteriormente.

A pesar de lo anterior, la determinación de las cuotas de responsabilidad en casos de responsabilidad múltiple entre sujetos de Derecho público y privado no es necesaria ni relevante, pues la víctima dispondrá del recurso de demandar, en exclusiva, al representante autorizado de *Intuitive Surgical* en España, en los términos del art. 133 TR-LGDCU.

b) Segundo escenario: actuación diligente del organismo notificado que no efectuó las auditorías sin previo aviso facultativas

También podría suceder que la intervención del organismo notificado no fuera necesaria, por no existir indicios de que el robot quirúrgico estuviera incurso en ninguna causa que exigiera, bajo la doctrina de la STJUE *Schmitt*, plantearse la necesidad de realizar una auditoría al margen de la quinquenal obligatoria. Ello, a su vez, excluiría la responsabilidad de la AEMPS como autoridad nacional competente.

En esta ocasión, pues, la responsabilidad se reduciría a la de dos sujetos: el Servicio de salud y el representante autorizado del fabricante. La solución, como se ha visto con anterioridad, pasa por el art. 133 TR-LGDCU, pudiéndose demandar, exclusivamente, al representante autorizado de *Intuitive Surgical* en España.

6.
CONCLUSIONES

Primera. Cuando la prestación sanitaria tiene lugar en un hospital dependiente de un sistema regional de salud, la responsabilidad se determina en aplicación de los arts. 32 y siguientes de la LRJSP.

(I) Lo primero que deberá hacer el paciente será acudir al procedimiento administrativo previo para tratar de obtener el reconocimiento de su derecho a ser indemnizado por el daño sufrido. Contra dicha resolución siempre cabrá recurso ante la jurisdicción contencioso-administrativa, única competente para conocer de las reclamaciones de responsabilidad patrimonial contra las administraciones públicas, aunque en la causación del daño hubieran concurrido otros actores no sujetos a Derecho público.

(II) La jurisprudencia del Tribunal Supremo ha mantenido desde hace más de treinta años que la responsabilidad patrimonial de las administraciones sanitarias solamente se podrá fundar en una infracción de la *lex artis ad hoc* por parte de los profesionales a su servicio. Es decir, que solamente podrá reclamarse ante un "funcionamiento anormal" de los servicios públicos sanitarios.

(III) La utilización de productos sanitarios defectuosos en el marco de la prestación asistencial no debe alterar la regla recogida en el párrafo anterior, y así lo declaró el Tribunal Supremo con ocasión de la litigación relacionada con el gas perfluoroctano Ala Octa. Igual regla cabría aplicar al Da Vinci.

Que el robot adolezca de algún defecto que cause un daño en un paciente no generará, automáticamente, responsabilidad en la administración sanitaria usuaria, sino que dependerá de las circunstancias de su uso por parte del profesional a su servicio.

Si este lo utilizó de forma diligente, de modo que el daño es exclusivamente imputable al defecto del Da Vinci, la responsabilidad será del representante autorizado de *Intuitive Surgical* en España. Solamente si, de forma conjunta al defecto, ha habido una utilización contraria a la *lex artis ad hoc*, se podrá reclamar responsabilidad patrimonial al servicio regional de salud.

(IV) Los problemas de ciberseguridad que plantea el *software* integrado del Da Vinci no permitirán a la administración sanitaria, en caso de materializarse en un daño como consecuencia de un acto de *hackeo*, acogerse a la excepción de riesgos imprevisibles e inevitables. Ello es así porque se trata de un riesgo inherente a las tecnologías interconectadas con la red; y, además, se ha estudiado, en concreto, para el ámbito en que se ha desarrollado esta monografía: la cirugía teleoperada.

Segunda. Además de la responsabilidad del servicio sanitario público, también se plantea la responsabilidad de la AEMPS, en su doble función de responsable directo por las acciones u omisiones del CNCPS y de autoridad nacional competente.

(I) En 1985, la Unión Europea inició el tránsito hacia el llamado "nuevo enfoque" en materia de seguridad de los productos, caracterizado por un seguido de normas horizontales (por sectores de producción) que fijaban los requisitos generales de seguridad y eficacia que debían cumplir todos los productos que se pudieran subsumir en el ámbito de aplicación de la legislación del nuevo enfoque.

Adicionalmente, el nuevo enfoque trajo la liberalización de las tareas de vigilancia que, tradicionalmente asignadas a organismos de derecho público, pudieron empezar a ser ejercidas por empresas privadas. Buena muestra de ello es que, de conformidad con la base de datos NANDO, hay 48 empresas privadas certificadas para el ejercicio de las tareas de evaluación de la conformidad bajo el Reglamento 2017/745. Por otro lado, solo hay dos organismos públicos: el CNCPS (España) y el *Instituto Superiore di Sanità* (Italia).

En mi anterior trabajo, ya estudié el régimen de responsabilidad aplicable a los organismos notificados sometidos a Derecho privado, pero había quedado sin solución qué sucedía con aquellos sujetos a Derecho público, como es el caso del CNCPS español. Tras el estudio realizado se ha podido concluir que, en definitiva, la evaluación de conformidad sustituye a las tradicionales homologaciones y constituye, esencialmente, una "licencia de funcionamiento", por lo que los organismos notificados públicos no se libran de sus funciones con la mera emisión del certificado favorable de conformidad, sino que deben seguir realizando funciones de vigilancia sobre el producto que han certificado favorablemente (no los certificados por otros organismos notificados), y asegurarse de que sigue cumpliendo los requisitos de seguridad previstos por la normativa aplicable. Esta idea queda reforzada por el Reglamento 2017/745, que faculta a los organismos notificados para restringir, suspender o retirar los certificados de conformidad si existen motivos que lo justifiquen.

Para cumplir con sus funciones poscomercialización, el Reglamento 2017/745 exige a los organismos notificados la realización de, como mínimo, una auditoría quinquenal sin previo aviso. Sin embargo, la STJUE *Schmitt* nos permite afirmar que el estándar de diligencia de los organismos notificados no termina ahí, sino que es preciso que realicen cuantas auditorías sin previo aviso sean necesarias cuando existan indicios razonables de que el producto sanitario que certificaron favorablemente se halla incurso en un incumplimiento de los requisitos esenciales de seguridad. No hacerlo, si ello causa un daño a un paciente, permitirá a las víctimas reclamar también responsabilidad a la AEMPS, como responsable directa del CNCPS, por culpa *in vigilando*, fundamentándose en las reglas de la responsabilidad por omisión por los actos del sujeto licenciado.

(II) En otro orden de cosas, las funciones de vigilancia poscomercialización asignadas a las autoridades nacionales competentes están restringidas a aquellos supuestos en los que un producto sanitario presente un "riesgo inaceptable para la salud pública", sea "falsificado"; o incumpla, de cualquier otro modo, los requisitos del Reglamento 2017/745, aun sin presentar un riesgo "inaceptable" para la salud pública.

Si un producto sanitario, como el Da Vinci, estuviera incurso en alguno de los supuestos identificados en el párrafo anterior, entonces, la AEMPS debería iniciar un procedimiento de evaluación del riesgo y requerir al representante autorizado de *Intuitive Surgical* en España para que adoptara medidas correctoras. Solo en caso de que este último no hiciera nada, la AEMPS podría prohibir o restringir la comercialización del producto u ordenar su retirada del mercado.

Si bien es cierto que la inobservancia de los deberes de vigilancia impuestos a la AEMPS, como autoridad nacional competente, podrían fundamentar, en abstracto, una reclamación de responsabilidad patrimonial por los daños que hubiera sufrido un paciente; también sostenemos que la responsabilidad decaería en sede de imputación objetiva, atendiendo a que la intervención de las autoridades nacionales competentes se prevé como medida subsidiaria y ante el fallo del organismo notificado – quien tiene las funciones más intensas en fase de poscomercialización – y del propio representante autorizado de *Intuitive Surgical* en España – por no adoptar las medidas correctoras ordenadas por la AEMPS.

Tercera. Como se ha visto, en el ámbito en que se desarrolla esta monografía, hay múltiples sujetos potencialmente responsables, y ello plantea problemas en sede de responsabilidad concurrente. A continuación se sintetizarán las reglas de resolución:

(I) Siempre que una de las concausas del daño sea un defecto en el Da Vinci, la víctima podrá demandar al representante autorizado de *Intuitive Surgical* y reclamarle la totalidad de la indemnización. Así lo permite – pero no lo exige – el art. 133 TR-LGDCU. Será el fabricante quien, una vez abonada la indemnización, deberá desentrañar las cuestiones particulares del caso para determinar las cuotas de responsabilidad entre el resto de los sujetos corresponsables, si quiere que su acción de repetición prospere.

La regla del art. 133 TR-LGDCU no presenta, tampoco, problemas aunque uno de los corresponsables sea la propia administración pública sanitaria, pues constituye un "tercero" en los términos de dicho precepto.

(II) Si el Da Vinci no fuera defectuoso, y el daño fuera consecuencia de una negligente prestación médica, la concurrencia de responsabilidad del médico respecto del hospital que lo contrató se resolvería en el plano de la responsabilidad directa del empleador por los actos de sus dependientes, prevista en el art. 1903.IV CC.

Cuestión distinta sería si entre el médico y el hospital no mediara relación contractual que generara un vínculo de dependencia. En ese caso, la responsabilidad se resolvería en sede del contrato desdoblado de asistencia en hospital, y la vía de imputación sería el art. 1101 CC.

Tanto el hospital como el médico tendrán contratadas pólizas de responsabilidad civil, motivo por el cual el paciente podrá recurrir a demandar directamente a las empresas aseguradoras en ejercicio de la acción directa contemplada en el art. 76 LCS.

Además, si el paciente hubiera sido atendido en un hospital con el cual su seguro de asistencia sanitaria tenía un convenio, se podría plantear la responsabilidad de la aseguradora.

(III) Si la prestación sanitaria, por el contrario, hubiera tenido lugar en un hospital integrado en un servicio regional de salud pública, cualquier reclamación posterior al procedimiento administrativo, deberá formularse ante la jurisdicción contencioso-administrativa, única competente de conformidad con los arts. 9.4 LOPJ y 2.e) LJC-A, aun cuando intervinieran terceros que no sean administraciones públicas.

Las administraciones públicas sanitarias también tienen suscritos seguros de responsabilidad civil, motivo por el cual se plantea ante qué jurisdicción se deben plantear las acciones directas contra la aseguradora de una administración pública y cuál es el alcance de la resolución administrativa previa al acceso a la jurisdicción contencioso-administrativa.

La jurisdicción competente, pese a las dificultades que se han planteado históricamente, es ya una cuestión resuelta por la Sala Especial de Conflictos del Tribunal Supremo, que ha considerado que lo es la civil.

Sobre el alcance de la resolución administrativa, se pronunció la STS de 5 de junio de 2019, presentando un triple escenario. El primero, si la víctima no insta el procedimiento administrativo, corresponderá al Juzgado o Tribunal conocer, con carácter prejudicial, de los extremos que fundarían la responsabilidad patrimonial de la administración y acordar si procede o no la condena al pago de indemnización al demandante de la acción directa.

El segundo, si la víctima, con una resolución judicial firme posterior al procedimiento administrativo, ejercita la acción directa. En ese caso, la condena a la aseguradora estará limitada al importe reconocido por la sentencia judicial firme. Asimismo, la aseguradora podrá invocar las excepciones objetivas de la póliza suscrita con la administración sanitaria regional responsable.

El tercero, si la víctima ejercita la acción directa no habiendo impugnado judicialmente la resolución administrativa. En ese caso, las consecuencias dependerán de cuál sea el contenido de la resolución administrativa: si esta reconoció el derecho de la víctima a ser indemnizada, entonces se aplicará la misma solución que la incluida en el párrafo anterior; pero si la resolución fue desestimatoria, la acción directa no podrá prosperar.

BIBLIOGRAFÍA

ABBOTT, Ryan, *The Reasonable Robot: Artificial Intelligence and the Law*, Cambridge University Press, Cambridge, 2020.

ALONSO SEGOVIA, Beatriz, «Capítulo 7: La responsabilidad patrimonial de las Administraciones Públicas», en SALA SÁNCHEZ, Pascual / XIOL RÍOS, Juan Antonio / FERNÁNDEZ MONTALVO, Rafael (Dirs.), *Las instituciones del Derecho Administrativo en la jurisprudencia*, Bosch, Barcelona, 2011, pp. 1601-2046.

ÁLVAREZ GARCÍA, Vicente J., «El proceso de privatización de la calidad y de la seguridad industrial y sus implicaciones desde el punto de vista de la competencia empresarial», *Revista de Administración Pública*, núm. 159, 2002, pp. 341-368.

ARQUILLO COLET, Begoña, *Seguro y responsabilidad patrimonial de la Administración Pública*, Atelier, Barcelona, 2008.

BLANCO PÉREZ-RUBIO, Lourdes, «Obligaciones de medios y obligaciones de resultado: ¿tiene relevancia jurídica su distinción?», *Cuadernos de Derecho Transnacional*, Vol. 6, núm. 2, 2014, pp. 50-74.

BLASCO ESTEVE, Avelino, «La responsabilidad patrimonial de la Administración por los daños causados por actos administrativos: Doctrina jurisprudencial», *Revista de administración pública*, núm. 91, 1980, pp. 195-242.

CANALS I AMETLLER, Dolors, *El ejercicio por particulares de funciones de autoridad*, Comares, Granada, 2003.

CARAZA CRISTÍN, María del Mar, «Análisis sobre la implantación del singular modelo de Cartas de Servicios en Cataluña», *Revista de Estudios de la Administración Local y Autonómica*, núm. 9, 2018, pp. 41-59.

CUÑAT EDO, Vicente / BATALLER GRAU, Juan, «El seguro de responsabilidad de las administraciones públicas: sus elementos personales», en BLASCO GASCÓ, Francisco de Paula / CLEMENTE MEORO, Mario Enrique / ORDUÑA MORENO, Francisco Javier / PRATS ALBENTOSA, Lorenzo / VERDERA SERVER, Rafael (Coords.), *Estudios jurídicos en homenaje a Vicente L. Montés Penadés*, Tirant lo Blanch, Valencia, 2011, pp. 773-796.

DARI-MATTIACCI, Giuseppe / GAROUPA, Nuno / GÓMEZ POMAR, Fernando, «State Liability», *European Review of Private Law*, núm. 4, 2010, pp. 773-811.

Javier DE AHUMADA RAMOS, Francisco, *La responsabilidad patrimonial de las Administraciones Públicas. Elementos estructurales: lesión de derechos y nexo causal entre la lesión y el funcionamiento de los servicios públicos*, 1ª ed., Aranzadi, Cizur Menor, 2009.

DE ÁNGEL YÁGÜEZ, Rafael, «Acción directa del perjudicado contra la aseguradora de una Administración Pública: jurisdicción competente», *La Ley*, núm. 5574, 2002.

ESTEVE PARDO, José, «La protección de la ignorancia. Exclusión de responsabilidad por riesgos desconocidos por la ciencia», *Revista de Administración Pública*, núm. 161, 2003, pp. 53-82.

— «Capítulo XXVI. Responsabilidad de la Administración y riesgos del desarrollo», en QUINTANA LÓPEZ, Tomás (Dir.), *La responsabilidad patrimonial de la Administración Pública. Estudio general y ámbitos sectoriales*, T. II, Tirant Lo Blanch, Valencia, 2009, pp. 1243 y ss.

— *Lecciones de Derecho administrativo*, 10ª ed., Marcial Pons, Madrid, 2021.

FERNÁNDEZ FARRERES, Germán, «Capítulo 3: Responsabilidad patrimonial de las Administraciones Pública y títulos de imputación del daño», en ORTIZ BLASCO, Joaquín / MAHILLO GARCÍA, Petra (Coords.), *La responsabilidad patrimonial de las Administraciones Públicas. Crisis y propuestas para el siglo XXI*, Fundación Democracia y Gobierno Local, Madrid, 2009, pp. 99-130.

FERNÁNDEZ MONTALVO, Rafael, «Anexo I: Responsabilidad de las Administraciones Públicas: criterios jurisprudenciales», en ORTIZ BLASCO, Joaquín / MAHILLO GARCÍA, Petra (Coords.), *La responsabilidad patrimonial de las Administraciones Públicas. Crisis y propuestas para el siglo XXI*, Fundación Democracia y Gobierno Local, Madrid, 2009, pp. 247-352.

FUENTES I GASÓ, Josep Ramon, «El régimen jurídico de la responsabilidad patrimonial de las Administraciones Públicas tras la entrada en vigor de las Leyes 39/2015 y 40/2015, en particular por daños en la vía pública», *Anuario Aragonés del Gobierno Local*, núm. 11, 2020, pp. 291-368.

GALLEGO CÓRCOLES, Isabel, «Daños derivados de la ejecución de contratos administrativos. La culpa *in vigilando* como título de imputación», *Revista de Administración Pública*, núm. 177, 2008, pp. 265-291.

GARCÍA-ÁLVAREZ, Gerardo, «Parte Cuarta - Capítulo III. Consecuencias de la responsabilidad patrimonial», en BER-

MEJO VERA, José (Dir.), *Derecho Administrativo. Parte Especial*, 7ª ed., Civitas, Navarra, 2009, pp. 1249-1259.

GARCÍA-MICÓ, Tomàs Gabriel, *Robótica quirúrgica y derecho de daños*, Marcial Pons, Madrid, 2024.

GARCÍA RUBIO, María Paz, «Los riesgos de desarrollo en la responsabilidad por daños causados por productos defectuosos», *Actualidad Civil*, núm. 35, 1998, pp. 853-870.

GARCÍA DE ENTERRÍA MARTÍNEZ-CARANDE, Eduardo / FERNÁNDEZ, Tomás-Ramón, *Curso de Derecho Administrativo*, T. II, 19ª ed., Thomson Reuters, Cizur Menor, 2020.

GILI SALDAÑA, Marian, *El producto sanitario defectuoso en Derecho español*, Atelier, Barcelona, 2008.

GÓMEZ LIGÜERRE, Carlos, «Cambio de vía», *InDret*, núm. 1, 2001, pp. 1-3.

— «Dos veces en la misma piedra», *InDret*, núm. 1, 2003, pp. 1-3.

— *Derecho aplicable y jurisdicción competente en pleitos de responsabilidad civil extracontractual*, Marcial Pons, Madrid, 2019.

GÓMEZ PUENTE, Marcos, «Responsabilidad por inactividad de la Administración», *Documentación Administrativa*, núms. 237-238, 1994, pp. 139-204.

GONZÁLEZ-VARAS IBÁÑEZ, Santiago, *Tratado de Derecho Administrativo*, T. I, Civitas, Navarra, 2008.

GONZÁLEZ GONZÁLEZ, Evaristo, «Administración sanitaria y responsabilidad por productos sanitarios defectuosos con marchamo CE», *Revista española de Derecho Administrativo*, núm. 200, 2019, pp. 259-290.

GONZÁLEZ PÉREZ, Jesús, *Responsabilidad patrimonial de las Administraciones Públicas*, 8ª ed., Aranzadi, Cizur Menor, 2016.

HUERGO LORA, Alejandro, *El seguro de responsabilidad patrimonial de las Administraciones Públicas*, Marcial Pons, Madrid, 2002.

INDEPENDENT HIGH-LEVEL EXPERT GROUP ON ARTIFICIAL IN-
TELLIGENCE, *Ethical Guidelines for Trustworthy AI*, 2019
(disponible en: https://digital-strategy.ec.europa.eu/en/
library/ethics-guidelines-trustworthy-ai).

LAGUNA PAZ, José Carlos, «Responsabilidad de la administración por daños causados por el sujeto autorizado»,
Revista de Administración Pública, núm. 155, 2001, pp.
27-58

LEGUINA VILLA, Jesús, «El fundamento de responsabilidad
de la Administración», *Revista española de Derecho Administrativo*, núm. 23, 1979, pp. 523 y ss.

LIN, Anthony L. / CHEN, William C. / HONG, Julian C., «Chapter 8. Electronic health record data mining for artificial
intelligence healthcare», en XING, Lei / GINGER, Maryellen L. / MIN, James K. (Eds.), *Artificial Intelligence in
Medicine. Technical Basis and Clinical Applications*, Els-
veir, 2020, pp. 133-150.

LÓPEZ MENUDO, Francisco, «Responsabilidad administrativa y exclusión de los riesgos del progreso. Un paso adelante en la definición del sistema», *Derecho y Salud*, vol.
8, núm. 2, 2000, pp. 77-94.

MALARET GARCIA, Elisenda, «Una aproximación jurídica al
sistema español de normalización de productos industriales», *Revista de Administración Pública*, núm. 116,
1988, pp. 287-339.

MARTÍN-CASALS, Miquel / RIBOT, Jordi, «The liability of public authorities in Spain», en OLIPHANT, Ken (Ed.), *The
Liability of Public Authorities in Comparative Perspective*, Intersentia, Cambridge, 2016, pp. 463-506.

MILANS DEL BOSCH Y JORDÁN DE URIBES, Santiago, «Capítulo
4: Reflexiones en torno al nexo causal en la responsabilidad patrimonial», en ORTIZ BLASCO, Joaquín / MAHI-
LLO GARCÍA, Petra (Coords.), *La responsabilidad patrimonial de las Administraciones Públicas. Crisis y*

propuestas para el siglo XXI, Fundación Democracia y Gobierno Local, Madrid, 2009, pp. 131-152.

MIR PUIGPELAT, Oriol, *La responsabilidad patrimonial de la Administración sanitaria. Organización, imputación y causalidad*, Civitas, Madrid, 2000.

— «La jurisdicción competente en materia de responsabilidad patrimonial de la Administración: una polémica que no cesa», *InDret*, núm. 3, 2002, pp. 1-32.

— «Responsabilidad objetiva vs. funcionamiento anormal en la responsabilidad patrimonial de la Administración sanitaria (y no sanitaria)», *Revista española de Derecho Administrativo*, núm. 140, 2008, pp. 629-652.

— «Capítulo 1: Propuestas para una reforma legislativa del sistema español de responsabilidad patrimonial de la Administración», en ORTIZ BLASCO, Joaquín / MAHILLO GARCÍA, Petra (Coords.), *La responsabilidad patrimonial de las Administraciones Públicas. Crisis y propuestas para el siglo XXI*, Fundación Democracia y Gobierno Local, Madrid, 2009, pp. 33-60.

— *La responsabilidad patrimonial de la Administración. Hacia un nuevo sistema*, 2ª ed., Edisofer, Madrid, 2012.

— «La garantía constitucional de la responsabilidad patrimonial por el funcionamiento anormal de la Administración», *Revista de Administración Pública*, núm. 213, 2020, pp. 29-47.

MORENO MOLINA, José Antonio, «Las novedades en la regulación por las Leyes 39 y 40/2015 de la responsabilidad patrimonial y la potestad sancionadora de las Administraciones Públicas», *Revista española de Derecho Administrativo*, núm. 179, 2016, pp. 87-109.

PANTALEÓN PRIETO, Fernando, «Los anteojos del civilista: hacia una revisión del régimen de la responsabilidad de las Administraciones Públicas», *Documentación administrativa*, núms. 237-238, 1994, pp. 239-254.

PARICIO RALLO, Eduardo, «Capítulo 5: Responsabilidad patrimonial de la Administración. Especial referencia a la responsabilidad de las Administraciones Locales por daños sufridos en la vía pública», en ORTIZ BLASCO, Joaquín / MAHILLO GARCÍA, Petra (Coords.), *La responsabilidad patrimonial de las Administraciones Públicas. Crisis y propuestas para el siglo XXI*, Fundación Democracia y Gobierno Local, Madrid, 2009, pp. 153-198.

RAMOS GONZÁLEZ, Sonia, *Responsabilidad civil por medicamento. Defectos de fabricación, de diseño y en las advertencias o instrucciones*, Thomson Civitas, Madrid, 2004.

REVESZ, Richard L., «Specialized Courts and the Administrative Lawmaking System», *University of Pennsylvania Law Review*, Vol. 138, núm. 4, 1990, pp. 1111-1174.

SALVADOR CODERCH, Pablo / RAMOS GONZÁLEZ, Sonia, «Capítulo 2. Las cuatro reglas básicas de responsabilidad», en SALVADOR CODERCH, Pablo / RAMOS GONZÁLEZ, Sonia / GÓMEZ LIGÜERRE, Carlos / RUBÍ PUIG, Antoni / LUNA YERGA, Álvaro / MILÀ RAFEL, Rosa, *Derecho de Daños*, 13ª ed., 2024, pp. 50-74 (disponible en: https://indret.com/wp-content/uploads/2017/10/DdD-1-a-13-2024-25-noviembre-2024.pdf)

SALVADOR CODERCH, Pablo / RUIZ GARCÍA, Juan Antonio / SEUBA TORREBLANCA, Joan Carles / SOLÉ I FELIU, Josep / LUNA YERGA, Álvaro / CARRASCO MARTÍN, Jordi, «Los riesgos de desarrollo», *InDret*, núm. 1, 2001.

SALVADOR CODERCH, Pablo / SOLÉ FELIU, Josep, *Brujos y aprendices. Los riesgos de desarrollo en la responsabilidad por producto*, Marcial Pons, Barcelona, 1999.

SARROTO MARTÍNEZ, Luís, «Delimitación jurídica y contenido de la denominada *lex artis* médica», *Actualidad Jurídica Aranzadi*, número 728, 2007.

SEUBA TORREBLANCA, Joan Carles, *Sangre contaminada, responsabilidad civil y ayudas públicas: respuestas jurídicas al contagio transfusional del SIDA y de la hepatitis*, Civitas, Madrid, 2002a.
— «La Llei 14/2002, de 5 de juny, d'ajudes socials a hemofílics contagiats amb el VHC», *InDret*, núm. 3, 2002b.
SOTO NIETO, Francisco, «Responsabilidad patrimonial de la Administración pública. Existencia de aseguradora. Jurisdicción. Competencia», *Diario La Ley*, núm. 7490, Sección Doctrina, 18 de octubre de 2010, Año XXXI, Ref. D-314, 2010.
TORNOS MAS, Joaquín, «Las cartas de servicios», *Cuadernos de derecho local*, núm. 10, 2006, pp. 72-82.
TRAYTER JIMÉNEZ, Joan Manuel, *Derecho administrativo. Parte general*, 4ª ed., Atelier, Barcelona, 2019.